Paulin Link/Thomas Dienberg

Weggefährten

Franziskanische Grundhaltung für die Begleitung von Menschen

edition T COELDE

Die Deutsche Bibliothek – CIP-Einheitsaufnahme

Ein Titeldatensatz für diese Publikation ist bei
Der Deutschen Bibliothek erhältlich.

verlags
gruppe
engagement

ISBN 3-7666-2071-1

Umschlaggestaltung: Hötzel, RFS & Partner, Stadtlohn
Satz: SatzWeise, Föhren
Druck und Bindearbeiten: Bercker Graphischer Betrieb, Kevelaer

Inhalt

Vorwort

> „Laßt uns alle aus ganzem Herzen, aus ganzer Seele, aus ganzer Gesinnung, aus aller Kraft und Stärke, mit ganzem Verstand, mit allen Kräften, mit ganzer Anstrengung, mit ganzer Zuneigung, mit unserem ganzen Inneren, mit allen Wünschen und aller Willenskraft ‚Gott den Herrn' lieben, der uns allen den ganzen Leib, die ganze Seele und das ganze Leben geschenkt hat und schenkt, der uns erschaffen hat, erlöst hat und uns einzig durch sein Erbarmen retten wird, der uns Elenden und Armseligen, Üblen und Abscheulichen, Undankbaren und Bösen alles Gute erwiesen hat und erweist. Nichts anderes wollen wir darum ersehnen, nichts anderes wollen, nichts anderes soll uns gefallen und erfreuen als unser Schöpfer und Erlöser und Retter, der alleinige wahre Gott." (NbReg 23,8–9.)

Diese Worte des heiligen Franziskus geben den roten Faden des Buches wieder. Letzten Endes geht es in allem, was wir tun, reden oder auch unterlassen, um das Lob Gottes. All unser Tun ist nur auf eines ausgerichtet: Gott, den Herrn, zu lieben und mit ganzer Seele zu suchen.

Exerzitien sind nichts anderes als Prozesse, diese Suche zu fördern, zu unterstützen und Hilfestellung zu geben. So wollen auch unsere Ausführungen im folgenden als Hilfestellung verstanden sein. In verschiedenen Kursen für Exerzitienbegleiter und -begleiterinnen haben wir immer wieder die Erfahrung gemacht, daß es das Wichtigste ist, der eigenen Suchbewegung nachzuspüren, um für das Suchgeschehen im anderen wach und empfänglich zu werden, um den anderen in ihrer Suche beizustehen und sie zu begleiten. Dabei hat ein jeder und jede, der Exerzitien begleitet, sehr viel eigene Kompetenz und Fähigkeit, eine je eigene Begabung, andere zu begleiten, gleichzeitig aber auch je eigene Grenzen. Es ist ein anspruchsvolles Geschehen und für den einzelnen sehr herausfordernd. Es ist nicht allein damit getan, Vorträge zu halten oder „fromme Worte" zu formulieren. Der begleitende Mensch muß mit dem Geist Gottes rechnen, muß um ihn im eigenen Leben wissen und muß ihn auch lassen können.

Unsere Ausführungen wollen dem Rechnung tragen. Sie geben insofern keine Methode einer Exerzitienbegleitung oder einer geistlichen Begleitung an. Methode ist jeder selbst und hat jeder viel in sich selbst. Dieses Buch will einige Grundhaltungen aufzeigen, die der heilige Franziskus und die heilige Klara im Umgang mit ihren Brüdern und Schwestern gezeigt haben, die unseres Erachtens nach in einem Exerzitienprozeß von elementarer Wichtigkeit sind.

Somit sind diese Ausführungen als Anregung und vor allem als Selbstreflexion derer gedacht, die Exerzitienprozesse, ob in Gruppen oder bei einzelnen, begleiten. Nur wer seine Begleitung immer wieder überprüft und auch in Frage stellt, vermag andere zu begleiten und zu einer Auseinandersetzung mit der je eigenen Berufung zu führen. Denn Selbstreflexion bedeutet Umkehr und Neuaufbruch, genau das, was Exerzitien anzielen und bewirken wollen.

Neben Fragen und Anregungen zur persönlichen Reflexion kommen bei den jeweiligen Grundhaltungen Formen und konkrete Übungen zur Sprache, die wir in eigenen Kursen erprobt haben und die wir für Exerzitien als mögliche Hilfestellungen anbieten wollen. Es sind Vorschläge.

Die Ausführungen eignen sich unseres Erachtens nach für alle Formen der Begleitung, denn die Grundhaltungen sind im Prinzip überall die gleichen. Ob Obere in klösterlichen Gemeinschaften, ob Gruppenleiter in Gruppen, die prozeßorientiert arbeiten, oder ob in Exerzitienprozessen mit einzelnen oder Gruppen – immer geht es aus der franziskanischen Sicht um die Nachfolge Jesu Christi, um das Lob Gottes in allem, was wir tun, reden oder unterlassen.

In diesem Sinne wünschen wir allen Lesern eine gute Selbstreflexion.

Wie hat Franziskus seine Brüder begleitet oder der lange Weg zu einer Begleitungs- und Lebenskultur

Bei der Frage nach der Begleitung von Exerzitien, nach der Begleitung von Menschen und auch bei der Frage nach der Leitung von Gemeinschaften geht es letztlich immer um die Kultur des Lebens. Ohne Kultur und Stil, ohne „gepflegtes Leben" ist keine Begleitungs- und auch keine Gesprächskultur möglich. Mit Lebenskultur ist die gesamte Pflege und das Bewußtsein der eigenen Quellen gemeint. Woraus lebe ich? Was gibt meinem Leben Halt? Welchen Platz räume ich dem ein, was mir am wichtigsten ist? Wem gilt meine ganze Liebe? Ist es Gott – und welchen Platz räume ich ihm dann ein? Aus solch einer Lebenskultur läßt sich Begleitungskultur und lassen sich „Regeln" für eine Gesprächskultur ableiten.

Der heilige Franziskus hat zwar keine Regeln für die Begleitung einzelner oder einer Gruppe entworfen, geschweige denn eine Gesprächstheorie entwickelt, noch zeichnet er sich durch eine ausdrückliche Begleitung seiner Brüder aus, dennoch: Stellt man die Frage, wie er seine Brüder begleitet und mit ihnen gesprochen hat, dann fällt auf, wie sehr Gespräch und Leben, wie sehr Begleitung und Zeugnis, wie sehr eine Kultur des Lebens und eine Begleitungskultur zusammenhängen.

Das soll im folgenden an einigen Stichpunkten des Lebens des heiligen Franziskus ausgeführt werden. Dabei möchten wir gerne so vorgehen, wie es auch schon die ersten Brüder in der Dreigefährtenlegende getan haben: „Vielmehr pflücken wir wie von einer lieblichen Wiese einige Blumen, die nach unserer Meinung besonders schön sind. Hierbei folgen wir nicht ohne Unterbrechung dem geschichtlichen Verlauf, sondern lassen vieles mit Bedacht weg, was in den erwähnten Legenden in ebenso wahrer wie treffender Erzählung berichtet ist." (DreiGefLeg, Brief der drei Gefährten.)

Im Anschluß daran sollen einige für uns wesentliche Aspekte der

Begleitung bei Franziskus und Klara betrachtet werden, die wir mit konkreten Formen und Vorschlägen anreichern werden.

Wesentliche Führung/Begleitung

Wie hat Franziskus seine Brüder begleitet? Diese Frage ist nicht leicht zu beantworten, da er weder Kommunikationsregeln entworfen noch vorgegeben hat, wie ein Hauskapitel oder Kommissionssitzungen zu halten sind oder worauf in der Begleitung von Schwestern und Brüdern zu achten wäre. Aber er hat mit seinem Leben und seiner Frömmigkeit manches vorgegeben. In seiner Art, den Menschen zu begegnen, lassen sich unseres Erachtens nach Aspekte für die Begleitung von Menschen in Exerzitien oder in der geistlichen Begleitung, ja in der Begleitung als Oberin oder Oberer sowie für das Gespräch ableiten.[1]

Franziskus ist ein sehr kommunikativer Mensch gewesen, der der Legende nach sogar mit den Tieren und der Natur gesprochen hat; der Selbstgespräche führte, der immer wieder von vielen Menschen um Rat und Hilfe gefragt worden ist. Franziskus muß ein überzeugender, ein charismatischer, ein leidenschaftlicher Mensch gewesen sein. Diese Haltung der Leidenschaft spiegelt sich vor allem im Umgang mit dem Menschen, mit dem Bruder und der Schwester wider, und sie wurzelt in einer tiefen Liebe zu Gott und den Menschen. Wenn man bei Franziskus von Begleitung sprechen kann, dann lassen sich zwei Stichpunkte nennen, die sich einerseits trennen lassen, andererseits jedoch zusammengehören und sich entsprechen müssen: die wesentliche Begleitung (Minderbruder sein) und die formale Begleitung (der bewußte Gebrauch). Letztere verdient ihren Namen nur, wenn die Worte ein harmonischer Ausdruck und eine harmonische Entsprechung zum inneren Leben und zu den äußeren Aktivitäten aufweisen – und das ist bei Franziskus eindeutig der Fall.

Es geht also zuerst um das Leben und um das Sein. Die Regeln

---

[1] Für diese Ausführungen diente u. a. der Artikel von P. Hug, How St. Francis guided his brethren.

für Begleitung und Kommunikation ergeben sich daraus, was nicht heißen soll, daß Gesprächsführung etc. überflüssig sei, im Gegenteil. Doch die beste Gesprächsführung nützt nichts, wenn die Basis nicht vorhanden ist. Das Minderbrudersein ist für Franziskus die Art und Weise, die Begegnung mit Mensch, Welt und Gott zu gestalten. Das Mindersein bestimmt sein Leben, seine Begleitung und seine Führung. Diese Haltung des Minderseins ist für den Prozeß der Exerzitien eine Grundhaltung und zugleich Ausdrucksform, also wesentliche und formale Begleitung zugleich.[2] Franziskus dient uns dabei als ausdrückliches Beispiel.

1. Mindersein: Das Tun der Liebe und das Sein im Evangelium

Für Franziskus hat das Evangelium zentralen Stellenwert. Das Evangelium Jesu Christi zu beobachten – das heißt Mindersein, nichts anderes, und darum geht es in seiner Begleitung, in seiner Leitung und in allen Gesprächen, die von ihm überliefert sind. So schreibt er zu Beginn der nicht bullierten Regel folgende fundamentalen Worte: „Regel und Leben der Minderen Brüder ist dieses, nämlich unseres Herrn Jesu Christi heiliges Evangelium zu beobachten durch ein Leben in Gehorsam, ohne Eigentum und in Keuschheit.“ (BReg 1,1.) Am Beginn des Lebens eines Minderen Bruders steht das Evangelium. Den Fußspuren Jesu Christi zu folgen, das Evangelium als Handlungsanweisung und Maßstab zu nehmen ist Inhalt und Methode „minderen Lebens“, der Lebenskultur eines Minderen Bruders und einer Minderen Schwester.

Das Leben, das Sein nach dem Evangelium, steht im Vordergrund; die Tat und das Reden ergeben sich konsequent daraus. So schreiben die Brüder über Franziskus, daß er alles, was er ihnen in Worten sagte, liebevoll in Taten demonstrierte (vgl. DreiGefLeg 54). Das eine gehört zum anderen.

Es geht im Reden und im Tun um das Leben und die Liebe: Man versteht nichts, es sei denn, man tut es. Die Bedeutung des Erlebens

[2] Vgl. auch Ausführungen in „Nachfolge im Mindersein“.

und der Erfahrung für die Bildung des heiligen Franziskus steht außer Zweifel. Interessant ist in diesem Zusammenhang, daß das Wort „tun“ in den Schriften des heiligen Franz das häufigste Tätigkeitswort überhaupt ist.

Das Tun des Gesprächs in dieser Haltung ist wichtig; man kann noch so viele Regeln der Kommunikation im Kopf haben, wenn es dabei nicht um den Nächsten geht, wenn es nicht um das Evangelium geht, wenn nicht die Haltung eines Minderen eingenommen wird, dann ist es nutzlos. Liebe ist ein Verb, kein Gefühl; Liebe will getan werden.

2. Respekt, Ehrfurcht und Freiheit

> „Und wo immer die Brüder sind und sich treffen, sollen sie sich einander als Hausgenossen erzeigen. Und vertrauensvoll soll einer dem anderen seine Not offenbaren; denn wenn schon eine Mutter ihren leiblichen Sohn nährt und liebt (vgl. 1 Thess 2,7), um wieviel sorgfältiger muß einer seinen geistlichen Bruder lieben und nähren? Und wenn einer von ihnen schwer krank werden sollte, dann müssen die anderen Brüder ihm so dienen, wie sie selbst bedient sein wollten (vgl. Mt 7,12).“ (BReg 6,7–9.)

Dieser Text enthält eine ungeheure Botschaft: Es geht um den anderen, um den Bruder; es geht darum, innerhalb einer Gemeinschaft eine Atmosphäre zu schaffen, in der die Nöte der Brüder ihren Platz haben und sich die Brüder als geistliche Hausgenossen erweisen. Dazu ist eine Atmosphäre vonnöten, in welcher Respekt vor der Würde und Einzigartigkeit des anderen, Ehrfurcht vor der Geheimnishaftigkeit des anderen und Achtung vor der Freiheit des anderen herrschen. Somit ist es für Franziskus sehr wichtig, daß sich die Liebe und die Nachfolge des Gekreuzigten in Demut, im Dienst und Mindersein, in der Geduld und in Freiheit ereignen. Franziskus begleitet hier seine Brüder und uns heute, indem er an den einzelnen appelliert, seine Berufung wahr- und ernst zu nehmen, nämlich in den Dienst des Reiches Gottes genommen zu sein. Von daher kann man bei der Begleitung der Brüder durch Franziskus auch von einer wesentlichen Begleitung sprechen: Er möchte, daß die

Brüder wieder zum Wesentlichen kommen, zu ihrem Wesen und dem ihrer Berufung.

Er gibt keine Methode vor oder entwickelt Regeln des Zusammenlebens, die das Leben bis in die Details hinein ordnen; vielmehr besteht seine Begleitung darin, auf das Evangelium und auf die je eigene Berufung der Brüder zu verweisen.

Franziskus hat dabei ein großes Ziel: die je größere Liebe zu Gott und die konkrete Umsetzung dieser Antwort in das alltägliche Leben.

Leitung, geistlicher Begleiter sein, Hausgenosse oder Minister sein bedeutet für Franziskus nichts anderes, als die Fähigkeit zu entwikkeln oder zu fördern, mit dem anderen mitleiden zu können. So steht Franziskus z. B. mitten in der Nacht auf, als er spürt, daß ein Bruder Hunger leidet, und er bereitet für ihn und alle Anwesenden ein Mahl vor, um den Bruder nicht zu beschämen, wenn er allein essen muß (vgl. Sp II, 1.). Die Kategorie des Mitleidens, die „compassio", ist dabei mehr als nur einfaches Mitleid; das deutsche Wort ist hier ungemein verwässernd. Eine liebende Solidarität spielt die entscheidende Rolle. Es geht um Gefährtenschaft, nicht um ein distanziertes Betrachten des Leids aus der Ferne mit eventuellen tröstenden Worten. „Compassio" meint Gefährtenschaft und liebende Solidarität – Stichworte für eine gelungene und gelebte Beziehung.

Einander geistlicher Bruder und geistliche Schwester sein beinhaltet für Franziskus solche Dimensionen, daß im Falle einer Abwesenheit eines Priesters die Offenbarung der Not bei einem Bruder das Bußsakrament ersetzt (vgl. BReg I, 69.171.).

Vor allem ist es Franziskus sehr wichtig, daß eine Begleitung keine Methode ist oder Prinzipien unverrückbarer Natur angewendet werden. Der Respekt und die Ehrfurcht vor dem einzelnen überwiegen jedes taktische Kalkül, kommen vor jeder Methode oder Übung und sind oberste Prinzipien für den Oberen, für ihn selbst und für die Begegnung untereinander. So schreibt Franziskus in einem Brief an einen Minister, daß dieser nicht verlangen solle, wenn es Brüder gibt, die ihm das Leben schwer machen, sie mögen bessere Christen sein:

„Und dies gelte dir um des wahren Gehorsams willen gegen Gott den Herrn und gegen mich; denn ich weiß sicher, daß dies der wahre Gehorsam ist.
Und liebe jene, die dir solches antun.
Und du sollst nichts anderes von ihnen verlangen, als was der Herr dir geben wird.“ (BrMin 4–6.)

Formale Begleitung: Die Ermahnungen als Beispiel

Für Franziskus, und sicherlich auch für die ganze „Szene der geistlichen Begleitung und Exerzitienbegleitung“, verdient eine formale Begleitung ihren Namen nur, wenn die Begleitung und die Worte, wenn das Leben und die Art der Begleitung sich entsprechen. Das, was der Begleiter und die Begleiterin leben, wird in der Begleitung offenbar.

Eine formale Begleitung ergibt sich konsequenterweise aus der wesentlichen Begleitung und ist von dieser kaum zu trennen – zumindest nicht bei Franziskus, denn er hat kein theoretisches Konzept von Begleitung erarbeitet. Im folgenden sollen nur in aller Kürze und als Einleitung in die Grundhaltungen verstandene Ausführungen zur formalen Begleitung bei Franziskus stehen. Konkretionen und die Bedeutung für einzelne Schritte oder Reflexionen innerhalb des Begleitungsgeschehens werden genauer in Anlehnung an diese Ausführungen in den weiteren Kapiteln des Buches besprochen.

Die sogenannten Ermahnungen des heiligen Franziskus können Handlungsanweisung und Übungsanleitung sein und einige Schritte zur Konkretisierung angeben.

Die Ermahnungen sind eine sehr alte Sammlung von Mahnworten und Lobsprüchen, die Franziskus zu verschiedenen Zeiten geäußert hat und die wahrscheinlich schon zu seinen Lebzeiten zusammengestellt wurden. Insgesamt kann man die Ermahnungen bezeichnen als das Hohelied der Armut im Geiste, die sich in der Brüderlichkeit vollendet. Gerade die Ermahnungen zeigen, was Franziskus unter einem Leben der Armut in letzter Tiefe verstanden hat. Und die Haltung der Armut, resultierend aus dem Mindersein, ist eine der Grundhaltungen der Begegnung von Franziskus mit den Geschöpfen Gottes, also auch eine der Grundhaltungen der Begleitung, die sich vor allem in dem entfaltet, was zum Punkt der wesentlichen Begleitung gesagt worden ist.

> „Wo Liebe ist und Weisheit, da ist nicht Furcht noch Unwissenheit.
> Wo Geduld ist und Demut, da ist nicht Zorn noch Verwirrung.
> Wo Armut ist mit Fröhlichkeit, da ist nicht Habsucht noch Geiz.
> Wo Ruhe ist und Betrachtung, da ist nicht Aufregung und unsteter Geist.
> Wo die Furcht des Herrn ist, sein Haus zu bewachen (vgl. Lk 11,21), da kann der Feind keinen Ort zum Eindringen finden.
> Wo Erbarmen ist und Besonnenheit, da ist nicht Übermaß noch Verhärtung." (Erm 27.)

Franziskus beginnt mit dem, was für ihn das Fundament seines Lebens ist: der Liebe, weil Gott die Liebe ist. So hat auch der Mensch die Liebe zu leben und von dem weiterzugeben, was in ihm an göttlicher Liebe lebt. Liebe läßt Furcht voreinander verschwinden und verhilft zum Leben. Angst und Furcht verunmöglichen Vertrauen, auch das vertrauensvolle Offenbaren der Nöte dem anderen gegenüber. Aus seiner Lebenserfahrung, daß er von Gott getragen ist und Gott ihn in seiner Liebe unterstützt, kann Franziskus auf seine Brüder und alle Menschen, insbesondere diejenigen, die am Rande stehen, zugehen und sie lieben, ihnen von der Liebe Gottes in Tat und Wort künden. Diese Liebe ist elementar mit Weisheit gekoppelt, so wie es diese Ermahnungen ausdrücken. Christus, so Franziskus, ist die wahre Weisheit des Vaters. Dieses zu erkennen bedeutet, die Fähigkeit zu entwickeln, die Schöpfung und das Leben in der Perspektive der Liebe des Vaters zu sehen. Im Umgang mit den Brüdern heißt das für Franziskus, daß nicht er sie leitet und lenkt, sondern daß es Gott ist, der die Gemeinschaft führt und begleitet, der der Gemeinschaft auch neue Brüder zuführt (vgl. Beginn des Testamentes).

Eine weitere Anweisung für eine formale Begleitung praktischer

Art gibt Franziskus mit dem nächsten Vers innerhalb dieser Ermahnung. Er ruft zur Geduld und zur Demut auf. Alles hat seine Zeit und braucht seine Zeit. Als Oberer/Oberin oder als Begleitung ist die Fähigkeit gefordert, die Regeln einer Gruppe oder auch einer Person zu akzeptieren. Geduld heißt in diesem Zusammenhang, der Gruppe zu erlauben, Umwege zu gehen, dem Hauskapitel zuzugestehen, daß es anders läuft, als in der Vorbereitung geplant, heißt, dem einzelnen seine Freiheit zuzugestehen. Jeder Mensch hat die Fähigkeit in sich, seinen eigenen Weg zu finden und einzuschlagen. Dazu ist von Seiten der Begleitung Geduld und vor allem auch Demut notwendig. Nur wenn Zurückhaltung vorhanden ist, kann der andere sich entfalten. Das bedeutet unter Umständen die Langsamkeit des Lebens und eines Menschen bzw. einer Gemeinschaft zu ertragen. Geduld in Verbindung mit Demut bedeutet, die Dinge so sehen zu können, wie sie sind.[3]

Auch die Quelle der Geduld beruht im Tiefsten auf der Gewißheit, daß Gott für den Menschen sorgt und seine Versprechungen erfüllen wird. Geduld ermöglicht erst brüderliches Zusammenleben, denn sie impliziert die Fähigkeit, zu vergeben und Erbarmen zu gewähren.

Armut mit Fröhlichkeit ist eine weitere Haltung innerhalb der formalen Begleitung, die Franziskus empfiehlt. Alles gehört Gott – und das macht frei und schafft Freude; alles gilt es also dem Besitzer zurückzugeben. Franziskus wollte keine mürrischen und traurigen Brüder, dies war für ihn schon eine fast babylonische Sünde: Es geht in allem um das Evangelium und darum, die Freude am Leben und am Evangelium nicht zu verlieren; die Freude daran nicht zu verlieren, sie immer wieder neu zu entfachen und aus der Haltung der Abhängigkeit von Gott der tiefen Freude über die Botschaft der Menschwerdung und des Kreuzes Ausdruck zu verleihen, das ist die Sinnspitze der Armut mit Fröhlichkeit. Das ist keine billige Freude, die die Realitäten des Lebens ausblendet; es ist eine tiefe Freude, die aus der Erkenntnis genährt wird, daß der Mensch nichts hat und ist und Gott alles ist.

---

[3] Geduld war schon eine der grundlegenden Tugenden bei den Mönchsvätern in der ägyptischen Wüste; ebenso auch für den hl. Benedikt.

Ruhe und Betrachtung, Kontemplation sind die Orte, all diese Tugenden einzuüben und nachklingen zu lassen. Bevor Franziskus Entscheidungen fällt oder mit den Brüdern spricht, zieht er sich immer wieder in die Stille und Einsamkeit zurück. Dort holt er sich die Kraft für die nächsten Schritte, die Kraft in und durch Gott. Nur aus der Kontemplation erwächst die „compassio", die Gefährtenschaft.

Gott nicht zu vergessen, sondern stets ihm gegenüber ehrfürchtig zu sein, das ist ein weiterer Rat, den Franziskus für eine Begleitung mit auf den Weg gibt, ebenso das Erbarmen und die Vorsicht. Besonders deutlich wird das in der Empfehlung an einen Minister:

> „Und darin will ich erkennen, ob du den Herrn und mich, seinen und deinen Knecht, liebst, wenn du folgendes tust, nämlich: Es darf keinen Bruder auf der Welt geben, mag er auch gesündigt haben, soviel er nur sündigen konnte, der deine Augen gesehen hat und dann von dir fortgehen müßte ohne dein Erbarmen, wenn er Erbarmen sucht.
> Und sollte er nicht Erbarmen suchen, dann frage du ihn, ob er Erbarmen will.
> Und würde er danach auch noch tausendmal vor deinen Augen sündigen, liebe ihn mehr als mich, damit du ihn zum Herrn ziehst. Und mit solchen habe immer Erbarmen." (BrMin 9–11.)

Grundhaltungen der Begleitung: Franziskus, Klara und die Schrift

In diesem Kapitel soll es, bevor wir zu den Konkretionen innerhalb des Exerzitienprozesses kommen, um die Grundhaltungen gehen, die sich bei Franziskus und Klara aufgrund ihres Schriftverständnisses finden lassen. Es geht dabei nicht um eine umfassende Darstellung aller Grundhaltungen, vielmehr haben wir uns bewußt auf fünf Grundhaltungen beschränkt, die wir für den Prozeß und die Begleitung von Exerzitien, darin im übrigen auch in der Leitung und Begleitung von geistlichen Gemeinschaften, als wichtig, ja unerläßlich erachten.

Diese Grundhaltungen zeigen gleichzeitig, daß eine formale Begleitung bei Franziskus und bei Klara mit der wesentlichen Begleitung einhergeht.

Erste Grundhaltung: Buße

Allzu schnell besteht die Gefahr, Buße, weil es kein moderner Begriff ist und viele negative Assoziationen von Verzicht und Bußübungen auslöst, zu spiritualisieren und damit letztlich dem Begriff seine Schärfe und Radikalität zu nehmen. Es ist ein eckiger und unangenehmer Begriff. Er macht nämlich deutlich, daß geistliches Leben zutiefst Umkehr bedeutet, eine Umkehr allerdings, die nicht einmal, sondern immer wieder getätigt sein will. Exerzitien sind Umkehrprozesse, wollen Umkehr auslösen bzw. dazu befähigen; sie stehen also ganz und gar unter dem Zeichen der Buße. Wer echt und intensiv leben will, muß sich stets von neuem fragen, was Sinn und Grund seines Lebens ist. Er muß sich stets neu Gott, sich selbst und auch dem anderen hinwenden. Das beinhaltet Umkehr, das bedeutet Buße tun. Somit ist die Buße eine Grundvoraussetzung der Menschwerdung und darin Grundbestandteil der Verkündigung Jesu (vgl. Mk 1,15). Aus diesem Grund soll in diesen

Ausführungen der Begriff der Buße nicht ersetzt werden; Aspekte von Umkehr, Umformung, von Bekehrung und Übung sind enthalten und werden an entsprechender Stelle entfaltet.

Franziskus beginnt sein Testament, das ein eindrückliches geistliches Vermächtnis darstellt, mit den Worten: „So hat der Herr mir, dem Bruder Franziskus, gegeben, das Leben der Buße zu beginnen: denn als ich in Sünden war, kam es mir sehr bitter vor, Aussätzige zu sehen. Und der Herr selbst hat mich unter sie geführt, und ich habe ihnen Barmherzigkeit erwiesen. Und da ich fortging von ihnen, wurde mir das, was mir bitter vorkam, in Süßigkeit der Seele und des Leibes verwandelt." (Test 1–2.)

Franziskus versteht sein Leben und das seiner Brüder primär als ein Leben in Buße. Schaut er in seinem Testament auf sein Leben zurück, er schreibt das Testament in den letzten Tagen seines Lebens im September/Oktober 1226, dann ist das zentrale Moment seines Weges die Begegnung mit dem Aussätzigen, die ihn radikal hat umkehren lassen.

> „Als er eines Tages inbrünstig zum Herrn betete, wurde ihm geantwortet: ‚Franziskus, alles, was du fleischlich geliebt und zu haben gewünscht hast, mußt du verachten und hassen, wenn du meinen Willen erkennen willst. Wenn du nachher zu tun beginnen wirst, was dir bisher angenehm und süß erschien, wird es dir unerträglich und bitter sein.' Durch diese Worte auch in Gott gestärkt, begegnete Franziskus eines Tages, als er in der Nähe von Assisi einen Ritt unternahm, einem Aussätzigen. Und während er sonst gewohnt war, vor Aussätzigen großen Abscheu zu haben, tat er sich jetzt Gewalt an, stieg vom Pferd, reichte dem Aussätzigen ein Geldstück und küßte ihm die Hand. Dann empfing er von ihm den Friedenskuß, stieg wieder zu Pferd und setzte seinen Weg fort." (DreiGefLeg, 11.)

Ein Abstieg vom Pferd, der zum Aufstieg wird – der franziskanische Weg der Buße.

1. Buße als freudige Lebenshaltung

Bei Franziskus vollzieht sich das Leben in Buße schrittweise. Es beginnt mit der Hinkehr zum Aussätzigen. Diese bewegt ihn so sehr, daß er die „Welt verläßt“, um einen Weg einzuschlagen, der einfach, arm und im Dienst an den Menschen und Gott ist. Franziskus geht in die Einsamkeit, er geht zu den verfallenen Kirchen und stellt sich ganz in den Dienst des Wiederaufbaus der Kirche(n).

Seine Berufung sieht er jedoch zunächst darin, anderen von der Buße und Umkehr zu verkünden, die er selbst erlebt hat und in der Schrift zugrunde gelegt sieht. Nach 1 Cel 22 hört Franziskus in Portiuncula die Aussendungsrede Jesu: Die Jünger sollen „das Reich Gottes und Buße predigen“. Darin entdeckt er seine eigene Berufung: „Hierauf begann er mit großem Gebetseifer und freudigem Sinn, allen Buße zu predigen.“ (1 Cel 23.) Die ersten Brüder erhalten die gleiche Sendung und bekennen selbst, daß sie Büßer sind: „Einige fragten sie nämlich: ‚Woher seid ihr?‘ Sie antworteten schlicht: ‚Wir sind Büßer und in der Stadt Assisi geboren.‘ Denn bis jetzt wurde die Gemeinschaft (noch) nicht Orden genannt.“ (AnonPer 19.) Buße ist also das große Programm von Franziskus und seinen Brüdern. Entsprechend lautet der Auftrag des Papstes Innozenz III.: „Brüder, gehet mit dem Herrn und, wie es euch der Herr einzugeben sich würdigt, predigt allen Buße.“ (1 Cel 33.)

Buße ist, wie schon aus diesen wenigen Worten zu ersehen ist, eine umfassende Tugend, kein auf äußere Werke und Übungen eingegrenzter Begriff. Sie ist eine Lebenshaltung und der Inhalt der Verkündigung. „Buße in diesem umfassenden Sinne ist die Antwort auf das Gottesgeschenk des Glaubens, ist das verantwortliche Glaubensleben, ist der stete Dienst an der Gottesebenbildlichkeit.“[4]

Dieser Lebenshaltung der Buße liegt – gerade auch auf der Basis des Gottesverständnisses von Franziskus und seiner Erfahrung eines Gottes, der im Leben der Menschen zu finden ist – eine Dimension zugrunde, die in der Betrachtung der Buße nicht übersehen werden darf. Wenn Franziskus von Buße spricht und zur Buße auffordert, dann ist das, eben weil es nicht nur Übung bedeutet, eine

[4] Senftle, 28.

Haltung, die aus der Freude über die Gegenwart Gottes im Leben des Menschen resultiert. Freude bestimmt das Leben und das Tun in Buße. So wie Jesus im Evangelium, wenn er vom Fasten spricht, keine mürrischen Gesichter sehen will (vgl. Mt 6,16), so fordert Franziskus zu einer Buße auf, die auf umfassender Lebensfreude beruht; es ist eine frohe Buße. Franziskus betont, daß die Buße eine frohe Buße sein soll. An den Früchten werdet Ihr sie erkennen: Die Früchte der Buße sind Freude, Friede und Herzensruhe. Das neue Leben im Geiste des Evangeliums schenkt Freude, gerade auch in der Buße, in der Hinwendung zum anderen und zum ganz Anderen.

Umgekehrt ist das „Buße-Tun" die Grundlage der rechten Freude, beide bedingen einander. Traurigkeit ist etwas, was nicht zum Leben in froher Buße gehört. Für Franziskus ist es deshalb notwendigerweise eine Haltung der Brüder, niemals traurig zu sein. Franziskus duldet in seiner Gemeinschaft keine Traurigkeit. Wahre Armut und frohe Buße befreien und bewirken eine tiefe Freude des Herzens. Eine traurige Armut bewirkt das Gegenteil: Habsucht und Neid.

> „Und wo immer die Brüder auch sind und an welchem Orte sie sich treffen, müssen sie sich geistlich und aufmerksam wiedersehen und ‚einander ohne Murren' (1 Petr 4,9) ehren. Und sie mögen sich hüten, sich nach außen hin traurig und wie düstere Heuchler zu zeigen; sie sollen sich vielmehr als solche zeigen, ‚die sich im Herrn freuen' (vgl. Phil 4,4) und heiter und liebenswürdig sind, wie es sich geziemt." (NbReg 7,15–16.)

Diese Haltung der frohen Buße spiegelt sich z.B. auch in den Satzungen der Kapuziner wider: „Überaus freundlich und edel, bewegt von allem Guten und Schönen, möchte Franziskus, daß seine Brüder frohe Sänger der Umkehr und der Buße sind." (Satzungen 169, 3.)

Franziskus orientiert sein Leben der Buße und seine Bußpredigt nicht an irgendwelchen apokalyptischen Bildern und Motiven, sondern an den Seligpreisungen des Evangeliums. Diese sind eine gute Umschreibung für das Leben in Buße und für die frohe Buße. Es geht darum, Gott in den Menschen, vor allem in den Armen und Entrechteten, in den Schwachen zu entdecken und sich umformen zu lassen, sich betreffen und die bisherigen Werte des Lebens anfragen zu lassen. „Buße-Tun" beinhaltet ein radikales Umdenken.

„Wenn Franziskus den Sinn seines Lebens kurz zusammenfassen wollte, tat er es stets mit den gleichen Worten: Entweder nannte er es ein ‚Buße-Tun' im vollen und evangelischen Sinn dieses Wortes, oder er charakterisierte es als ein ‚Leben nach der Form des heiligen Evangeliums'. Konkret anschaulich versteht er dieses Leben dahin, daß der Christ in allem den Fußspuren des menschgewordenen und gekreuzigten Herrn folgen müsse, damit sich ihm auch die Herrlichkeit Christi schenken kann."[5]

Bußübungen, gerade auch ‚härterer, körperlicher" Art, spielen im Leben des heiligen Franziskus eine große Rolle. Er ist und bleibt darin Kind seiner Zeit, einer Zeit mit Ausdrucksformen, die dem Menschen von heute fremd sind. Franziskus unterscheidet jedoch klar die Buße von den äußeren Übungen, die der Umkehr dienen sollen, wenn sie denn sinnvoll sein sollen:

> „Viele gibt es, die in Gebeten und Gottesdiensten eifrig sind und ihrem Leib viele Entsagungen und Abtötungen auferlegen, die aber an einem einzigen Wort, das ihren Leibern [ihrem lieben Ich] Unrecht zu tun scheint, oder wegen einer beliebigen Sache, die man ihnen fortnimmt, Anstoß nehmen und darüber sofort in Aufregung geraten. Diese sind nicht arm im Geiste; denn wer wirklich arm im Geiste ist, haßt sich selbst (vgl. Lk 14,26; Joh 12,25) und liebt jene, die ihn auf die Wange schlagen (vgl. Mt 5,39)." (Erm 14,2–4.)

Hier wird deutlich, wie sehr für ihn die Buße eine Lebenshaltung ist, die sich zutiefst mit dem Geist des Minderseins deckt. Der Mindere ist der Bußfertige, der, welcher in Wort und in Tat radikal die Nachfolge des Gekreuzigten lebt.

2. *Buße als Herzenshaltung*

> „So war der Knecht Gottes Franziskus also von allem entblößt, was der Welt gehört, und offen für die Gerechtigkeit Gottes. Sein

---

[5] Esser, 143.

erstes Leben verachtete er und weihte sich auf jede nur mögliche Weise dem Dienste Gottes." (DreiGefLeg 21.)

Franziskus tut einen radikalen Schritt der Umkehr, er entblößt sich der Welt und ist offen für Gott. Die Zielperspektive eines Lebens der Buße ist damit angezeigt: Es geht um Gott, allein um Gott und die Nachfolge. Franziskus verachtet sein bisheriges Leben und bricht mit ihm „und weiht sich auf jede nur mögliche Weise dem Dienste Gottes". Eine klare Aussage, die auch für den Exerzitienprozeß, wie noch zu sehen sein wird, die Richtung angibt und deutliche Akzente setzt. Es steht also nicht die Verachtung des Bisherigen im Vordergrund, nicht die Loslösung von der Welt – das alles ist nur Dienst und Mittel, um ganz offen für Gott zu sein. Hinwendung, nicht Abkehr ist die Devise eines Lebens in Buße, für Franziskus damals, für uns heute. Von daher wird auch verständlich, daß für Franziskus nicht die Bußübungen oder der Verzicht als solcher im Mittelpunkt stehen und ein Leistungsdenken seine Spiritualität bestimmt, vielmehr ist es eine Haltung des Herzens, die als eine ihrer maßgeblichen Früchte die Freude und die Heiterkeit hat, wie in der folgenden Episode deutlich wird.

„Alsdann machte er sich auf und ging in die Stadt. Auf Straßen und Gassen der Stadt fing er an, dem Herrn Loblieder zu singen, wie trunken im Geiste. Nach Beendigung solchen Lobpreises des Herrn machte er sich daran, Steine für die Wiederherstellung der besagten Kirche zusammenzubringen, indem er sprach: ‚Wer mir einen Stein gibt, wird einfachen Lohn erhalten; wer aber zwei gibt, wird doppelten Lohn erhalten; wer drei, wird ebensoviel erhalten.' Dies und noch viele andere einfältige Worte sprach er im Feuer des Geistes; denn ungebildet und einfältig, erwählt von Gott, sprach er nicht in gelehrten Worten menschlicher Weisheit, sondern verhielt sich einfältig in allen Dingen. Oftmals verlachte man ihn, weil man ihn für einen Narren hielt; andere wurden, von Mitgefühl bewegt, zu Tränen gerührt, wenn sie sahen, wie er so schnell von so großer Ausgelassenheit und weltlicher Eitelkeit zu solcher Trunkenheit der Liebe Gottes gekommen war. Er hingegen machte sich nichts aus den Spöttereien, sondern sagte in der Glut des Geistes Gott Dank." (DreiGefLeg 21.)

Nicht Ansehen, nicht Anerkennung bestimmen die Haltung der Buße, sondern eine Trunkenheit im Geiste, weil sich Franziskus bewußt ist, daß sein Leben allein von Gott getragen ist, und es die Bestimmung seines Lebens ist, Gott in Worten, in Liedern, mit der Schöpfung und im Wiederaufbau seiner Kirche zu dienen. Darin ist er Narr, ganz Narr, eben ein Narr in der Trunkenheit der Liebe Gottes und in der Glut des Geistes.

In Anlehnung an diese Ausführungen formulieren die Satzungen der Kapuziner: „Buße ist eine Haltung des Herzens, die täglich umgesetzt werden will; Kennzeichen sind feinfühlige Liebe und herzliche Freude." (Satzungen 102, 1.2.)

Doch Buße ist nicht nur Haltung des Herzens, ist nicht nur leicht, fröhlich und unproblematisch, im Gegenteil: Sie bereitet Probleme, sie bedeutet unter Umständen Überwindung; sie beinhaltet eine fortwährende Umkehr, die immer wieder vom Äußeren ins Innere hinein vollzogen sein will. Auch Franziskus ist nicht der Heilige, dem alles in den Schoß gefallen ist. Umkehr hat auch ihm bei aller Radikalität und Spontaneität Schmerz bereitet und ist ihm nicht leicht gefallen.

> „Eines Tages also erhob er sich, nahm ein Schüsselchen, betrat die Stadt, um Almosen von Tür zu Tür zu erbetteln. Er legte die verschiedenen Speisen in die Schale; da wunderten sich viele Leute, die wußten, wie sehr verwöhnt er gelebt hatte, als sie sahen, daß er sich zu so großer Selbstverachtung auf so erstaunliche Weise gewandelt hatte. Doch als er das Durcheinander der Speisen essen wollte, grauste ihn zuerst. Er war ja nicht gewohnt gewesen, derartiges auch nur sehen zu wollen, geschweige denn zu essen. Schließlich überwand er sich, begann zu essen, und es schien ihm beim Essen, als hätte ihm kein Leckerbissen je solchen Genuß bereitet. Darüber frohlockte sein Herz gar sehr im Herrn, weil sein Leib, obschon schwächlich und hart mitgenommen, gestärkt wurde, um alles Harte und Bittere freudig für den Herrn zu ertragen. Überdies dankte er Gott, weil er ihm das Bittere in Süßigkeit verwandelt und ihn vielfach so machtvoll aufgerichtet hatte." (DreiGefLeg 22.)

Und an anderer Stelle heißt es: „Er kam in die Nähe eines gewissen Hauses und sah dort Menschen zum Spiel versammelt. Weil er sich schämte, vor aller Augen um Almosen zu bitten, zog er sich zurück. Als er aber zur Besinnung gekommen war, klagte er sich an, gesündigt zu haben, und lief zu dem Platz, wo das Spiel stattfand. In Gegenwart aller, die dabeistanden, bekannte er seine Schuld, daß er ihretwegen sich geschämt hatte, um ein Almosen zu bitten." (DreiGefLeg 24.)

Scham und Überwindung gehören nicht unmittelbar zur Buße und Umkehr. Scham und Überwindung können sich aber einstellen und den Büßer maßgeblich beschäftigen. Franziskus löst seine Scham und Überwindung genial, indem er sich daran erinnert, worum es eigentlich geht: um die Verherrlichung Gottes und um die Nachfolge. Es mögen harte Worte sein, die so ohne weiteres nicht nachvollziehbar sind, doch die Grundrichtung ist eindeutig: Buße und Umkehr muß man sich manchmal auch etwas kosten lassen.

Buße in diesem Sinne führt zu einer inneren Freiheit, die sich dann mit Freude und Gelassenheit paart.

„Nach Beendigung des Baues der Kirche S. Damiano trug der selige Franziskus noch das Kleid eines Einsiedlers. Er ging einher mit einem Stab in der Hand, mit Sandalen an den Füßen und mit einem Riemen gegürtet. Eines Tages aber hörte er bei der Feier der Messe jene Worte, die Christus im Evangelium zu den Jüngern sprach, als er sie zum Predigen aussandte, daß sie nämlich weder Gold, noch Silber, weder eine Tasche, noch Brot oder einen Stab auf dem Weg tragen, weder Schuhe noch zwei Röcke haben sollten. Als er dies hierauf mit Hilfe des Priesters noch deutlicher verstand, wurde er von unsagbarer Freude erfüllt und sprach: ‚Das ist es, was ich mit allen Kräften zu erfüllen wünsche!' Nachdem er alles, was er gehört, seinem Gedächtnis eingeprägt hatte, mühte er sich, es freudig zu erfüllen. Ohne Zaudern legte er ab, was er doppelt hatte, und benützte deshalb von nun an weder Stab, noch Schuhe, weder Beutel, noch Tasche. Er machte sich ein sehr unansehnliches und schmuckloses Gewand, warf den Riemen weg und nahm als Gürtel einen Strick. Auch alle Sorgen seines Herzens setzte er auf die Worte des neuen Gnadenerweises, wie er sie im Werk erfüllen könne. Auf göttliche Eingebung hin begann er, als Verkünder der evangelischen Vollkommenheit aufzutreten und einfältig in der Öffentlichkeit Buße zu predigen. Seine Worte waren weder nichtssagend, noch lachhaft, sondern drangen voll der Kraft des Heilgen Geistes in das Innerste des Herzens, so daß die Zuhörer darüber in gewaltiges Staunen gerieten." (DreiGefLeg 25.)

Zur inneren Umkehr und Buße kommt das äußere und sichtbare Zeichen. Doch auch dieses ist nicht einfach nur ein äußeres Zeichen der Schlichtheit und Einfachheit. Es hat evangelischen Bezug. Franziskus lebt aus dem Evangelium heraus und versucht, es mit all den ihm zur Verfügung stehenden Mitteln umzusetzen, ja buchstäblich in seine Zeit zu übertragen. Die Worte der Schrift inspirieren ihn und lassen ihn erkennen, was er will: Ein schmuckloses, unansehnliches Gewand mit einem Strick als Gürtel wird fortan seine Kleidung – und die der Minderen Brüder, die sich mit ihm auf den Weg machen und noch Jahrhunderte später seinen Fußspuren zu folgen versuchen.

Grund und Quelle seines Lebens, ob im Bereich der äußeren Kleidung oder im Herzen, ist das Evangelium. So ist sein Leben ein im wahrsten Sinne des Wortes evangelisches Leben, das ihn auch dazu drängt, Zeugnis abzulegen von dem, was ihn bewegt und in seinem Herzen umtreibt. Er predigt von dem, was Nachfolge bedeutet, nämlich ein Leben in „Buße tun", verbunden mit der Botschaft vom Frieden und Heil: „Wie er später selbst bezeugt hat, hatte er diese Art von Gruß durch Gottes Offenbarung gelernt, nämlich: ‚Der Herr gebe dir den Frieden!' Deshalb verkündete er in jeder seiner Predigten den Frieden und grüßte so am Anfang der Predigt das Volk." (DreiGefLeg 26.)

3. Buße als Haltung der Armut

Ein letzter Aspekt, der genannt werden muß, wenn es um Buße geht, ist die Armut. Kein Weg der Nachfolge und des Pilgerseins geht ohne Buße, kein Weg der Buße geht ohne Armut.

Armut zu leben und als Herrin anzunehmen, das ist der Weg von

Franziskus. Dabei geht es nicht um die Armut als solche, die allein aus materiellen Entbehrungen besteht; vielmehr ist auch die Armut eine Grundhaltung des Herzens: sich selbst loslassen können um Gottes und der Menschen willen, sich existentiell abhängig wissen von dem Du, das die Welt geschaffen hat und trägt. Hierin ist die Armut nicht mehr nur Bestandteil der drei Gelübde eines Ordenschristen, vielmehr ist sie eine gelebte christliche Haltung im Alltag eines jeden Christen.

Die Armut ist der vortrefflichste Weg franziskanischer Nachfolge und somit Kernstück geistlichen Lebens in der franziskanischen Tradition. So heißt es in einer sehr frühen Schrift, die einem mittelalterlichen Mysterienspiel ähnelt, über die Beziehung von Franziskus zur Armut:

> „Unter den übrigen vortrefflichen und besonderen Tugenden, die Gott im Menschen Wohnung und Bleibe bereiten und die den vorzüglicheren und leichteren Weg, zu Gott zu gehen und ihn zu erreichen, zeigen, ragt die heilige Armut durch ein gewisses Vorrecht über alle hinaus und übertrifft durch einzigartige Schönheit den Ruhm der anderen. Sie ist nämlich die Grundlage aller Tugenden und ihre Hüterin; sie steht unter den bekannten evangelischen Tugenden mit Recht nach Rang und Namen an erster Stelle." (SacrCom 1.)

Wenn also der Weg des Franziskus ein Leben in Buße ist, dann ist diese Buße stets gekoppelt mit der Armut. In dieser alten Schrift macht sich Franziskus auf den Weg, die Herrin Armut zu finden – es ist ein Weg, der ihn auf einen Berg führt, wo die Herrin Armut ihren Ort hat. Aufgrund vieler Enttäuschungen in der Geschichte der Orden und der Kirche will sie ihn und seine Brüder eigentlich nicht empfangen. Doch da Franziskus den Berg so spielerisch leicht erklommen hat und seine Worte so aufrichtig klingen, spricht sie mit ihm. Es entwickelt sich ein hochinteressantes Gespräch zwischen der Armut, Franziskus und seinen Brüdern, in das sich auch der Herr selbst kurz einmischt. Zum Schluß wird ein Bund zwischen den beiden geschlossen und mit einem Mahl und einer Verheißung nach dem gemeinsamen Abstieg vom Berg besiegelt. Dabei ist die Armut die Braut Christi, welcher der edle

Ritter Franziskus Minnelieder singen kann, um dabei den Herrn zu ehren.

Franziskus macht sich auf den Weg wie zuvor das Volk Israel. Es ist ein Prozeß, der Wandel und Umkehr beinhaltet, ganz gemäß Mk 1,15 und der Aufforderung Jesu umzukehren. Umkehr für Franziskus beinhaltet in diesem Falle gleichzeitig Aufstieg und Verbindung mit der Herrin Armut. Gott als den bekennen, der allein maßgeblich ist und die Fülle des Reichtums ausmacht, gehört für Franziskus zu einem Leben der Buße hinzu. Das demütige Bekennen und das Leben in der Umkehr, in der steten Selbstreflexion, das erfordert eine Haltung der Armut: ein Schuldbekenntnis ablegen, demütig die eigene Erbärmlichkeit anschauen sowie, mit Gottes Hilfe rechnend, ihn als den alles übersteigenden Reichtum anerkennen und anrufen.

Der Kern eines Lebens in Buße ist für Franziskus die evangelische Armut. Für ihn ist das Leben in Buße ein Leben in Armut, und das Leben in Armut beinhaltet das Leben in Buße.

Nachdem die Herrin Armut mit Franziskus im „Sacrum Commercium" den Bund geschlossen hat, wollen sie gemeinsam diesen Bund mit einem Mahl besiegeln. Sehr anschaulich wird geschildert, wie die Herrin Armut nach Wasser und Tuch verlangt, um sich die Hände zu waschen; die Brüder müssen improvisieren, weil sie kein Tuch haben, nur Fetzen. Dann verlangt sie nach dem Essen, auch hier improvisieren sie und bereiten ihr ein sehr karges Mahl mit dem, was sie finden und andere Menschen ihnen bringen.

> „Als sie aber satt waren mehr ob der Ehre solcher Entbehrung, als sie es hätten sein können bei Überfluß an allen Dingen, priesen sie den Herrn, vor dessen Angesicht sie so große Gnade gefunden hatten. Sie führten sie an einen Ort zum Ausruhen, weil sie sehr müde war. Und so legte sie sich nackt auf die nackte Erde. Sie bat auch um ein Kissen für ihr Haupt. Jene aber brachten sofort einen Stein herbei und legten ihn unter ihr Haupt. Nachdem sie sehr ruhig und doch mäßig geschlafen hatte, stand sie eilends auf und bat, man möge ihr das Kloster zeigen. Die Brüder führten sie auf einen Hügel, zeigten ihr die ganze Welt, soweit man sehen konnte, und sprachen: Das ist unser Kloster, Herrin!" (SacrCom 63.)

Hier wird deutlich: Armut und ein Leben in Buße sind deckungsgleich. Sie erstrecken sich über das ganze Leben und über das Verständnis dessen, was Welt ist und bedeutet. Die Welt ist unser Kloster – das ist die Haltung dessen, der Buße tut und in Armut lebt. Beides öffnet dem Minderen das Herz für Gottes Gaben und Gottes Geschöpfe.

Armut ist wie Buße für Franziskus mehr als reine Äußerlichkeit: „Ohne etwas Eigenes leben", ohne die Sorge um das Eigene leben – und das um der Menschen und um des Dienstes in der Nachfolge willen. Die Armut schafft den Raum für die Liebe Gottes im Menschen, sie ist die Verwirklichung eines Lebens in Buße. „Wer sich zu Gott bekehrt hat, um ihm in Buße zu dienen, wirft allen irdischen Ballast ab. Alles Gute ist von und für Gott. In ihm birgt er seinen Schatz und sein Herz."[6]

Zweite Grundhaltung: Nachfolge

> „Es gibt kaum einen zweiten Begriff in der kirchlichen Frömmigkeitssprache und in der Theologie, der ebenso beliebt und zugleich ebenso verdorben ist wie der Begriff ‚Nachfolge Christi'. Eine statistische Übersicht würde ergeben, daß es sich um einen Begriff mit geradezu inflationärer Verwendung handelt. Er spiegelt dabei Klarheit, Eindeutigkeit vor und ist doch völlig unklar und verwaschen geworden. Er suggeriert Verbindlichkeit und kann doch zum Symptom für sprachlich abgesicherte Unverbindlichkeit in einem vergesellschafteten Christentum werden. Nachfolge kann derart (...) den Charakter einer ‚billigen' Forderung annehmen, die zu bejahen allgemeine christliche Standespflicht zu sein scheint. Jeder soll ja an seinem Platz, auf seine Weise, in seinem Beruf und Alltag Nachfolge Christi üben. Das gibt sich wirklichkeitsverbunden und konkret und ist doch denkbar unkonkret, reibt sich auch längst nicht mehr an und mit der Wirklichkeit."[7]

---

[6] Dukker, 100.
[7] Strunk, 242.

Der Aspekt der Nachfolge ist vielfach beschrieben worden, dabei aber oft zerredet und mißdeutet worden. Es ist ein Begriff und zugleich eine Tatsache, die nicht gerade leicht zu umschreiben, aber aus christlichem Leben und vor allem aus der franziskanischen Spiritualität nicht fortzudenken ist.

Nachfolge Christi ist ein Strang in der großen Traditionsgeschichte der christlichen Spiritualität, wie geistliches Leben interpretiert und auch gelebt worden ist.[8] Schon in den Evangelien ist von Nachfolge die Rede: Die Jünger machen sich mit Jesus auf den Weg, folgen ihm und seinen Weisungen nach, tun das, was er ihnen sagt und führen sein Werk nach seinem Tode und seiner Auferstehung fort. Der Ruf: „Kommt her, folgt mir nach!" (Mt 4,19) steht für die Jünger zentral. Sie lassen sich auf die Nachfolge ein, buchstäblich.

Im Laufe der Traditionsgeschichte wird das Motiv der Nachfolge als Umschreibung des geistlichen Lebens (andere Umschreibungen sind z. B. die Vereinigung mit Gott oder auch das Leben im Heiligen Geist) in den ersten Jahrhunderten vor allem in der Martyriumsfrömmigkeit gelebt und betont. Wie Christus und die Apostel das Kreuz des Glaubens auf sich zu nehmen gilt als höchstes Glück, ebenso für den Glauben Qualen zu erleiden und zu sterben.

Franziskus kann sicherlich als einer derjenigen gelten, die die Nachfolge Christi in ganz besonderer Weise betont und auch gelebt haben (bis hin zu Erlangung der Stigmata gegen Ende seines Lebens). Nicht unerwähnt darf in diesem Zusammenhang Thomas von Kempen († 1471) bleiben, der mit seiner „Nachfolge Christi" (ohne sich an dieser Stelle auf die schwierige Diskussion einzulassen, ob nun er oder ein anderer Autor dieser Schrift gewesen ist) weite Kreise gezogen hat: eine geistliche Schrift, die wie auch die „Vita Jesu Christi" des Ludolf von Sachsen († 1377) eine ungeheure Verbreitung gefunden hat und einfache Leute sowie Gebildete dazu aufforderte, das Leben christusgemäß zu gestalten und ihm im Alltag nachzufolgen. Ignatius von Loyola († 1556) führt diese Schriften in einer Synthese in Form seiner Exerzitien zusammen. Auch sie sind Übungen, die den Übenden dazu animieren wollen, sich in das Leben und die einzelnen Situationen des Lebens Jesu

---

[8] Vgl. Weismayer, 22–38.

hineinzuversetzen, um ihm nachzufolgen und sich ganz für ihn zu entscheiden.

In der Schrift ist Nachfolge ein zentraler Begriff, der vor allem den Aspekt der Sendung und des Auftrags für den Leser beinhaltet. Franziskus greift dieses auf, indem er von dem evangelischen Leben spricht: das eigene Leben mit der Heiligen Schrift neu durchzubuchstabieren und mit dem eigenen Leben dem Wort der Schrift Fleisch zu geben.

1. Nachfolge in den Fußspuren Christi

> „Sie freuten sich ununterbrochen im Herrn, weil es nichts unter ihnen gab, weshalb sie hätten traurig werden können. Je mehr sie nämlich von der Welt getrennt waren, desto mehr waren sie mit dem Herrn verbunden. Indem sie den Weg des Kreuzes und die Pfade der Gerechtigkeit gingen, machten sie den engen Weg der Buße und der Beobachtung des Evangeliums von allen Hindernissen frei, damit der Weg den Nachkommenden eben und sicher werde.“ (DreiGefLeg 45.)

Nachfolge Christi, das ist es, worum es Franziskus letztlich geht, wie auch das vorangestellte Zitat aus der Dreigefährtenlegende deutlich macht. Mit dem Herrn verbunden sein ist eine schöne, wenn auch für Franziskus eine sehr milde Umschreibung für die Nachfolge Christi. Doch zeigen schon die nächsten Worte, daß die Verbindung mit dem Herrn eine sehr konkrete ist und unter deutlichen Vorzeichen zu betrachten ist: Der Weg des Kreuzes und der Pfad der Gerechtigkeit gestalten ihr Leben – eine Zusammenfassung dessen, wie Franziskus mit den ersten Brüdern das Leben gestaltet. Diese Gestaltung ist Ausdruck ihrer Buße und vor allem dessen, was Quelle, Grund und Inhalt ihres Lebens ist: das Leben nach dem Evangelium. Nachfolge heißt: sich auf den Weg zu machen, den der Herr gegangen ist, dabei das Kreuz auf sich zu nehmen und im Blick zu haben (sowohl das eigene als auch die vielen Kreuze so vieler Menschen) und gerecht zu sein; die Gerechtigkeit zu leben und mit dem Leben zum Ausdruck zu bringen. Gerechtigkeit ist dabei weitaus mehr als Solidarität. Zudem schließt Nachfolge von sich aus die erste Grundhaltung ein – die Buße: ‚Kehrt um und glaubt an das Evangelium.“

Für das Verständnis der Spiritualität des heiligen Franziskus (damit in unserem Zusammenhang auch für den Exerzitienprozeß) und dessen, was für ihn Nachfolge Christi bedeutet, ist ein Stichwort zu nennen, das wie kein anderes bei Franziskus den Aspekt der Nachfolge be- und umschreibt: „Pilger und Fremdling sein“. Die Metanoia (Umkehr), die wir in der Taufe empfangen haben, gilt es Tag für Tag umzusetzen. Pilger und Fremdling sein bedeutet dann: steter Aufbruch, sich immer wieder von neuem auf den Weg machen. Franziskus geht es immer nur um das eine, um das Evangelium. Nichts anderes will er zeit seines Lebens als die Nachfolge des gekreuzigten Jesus Christus, als ein Leben in seinen Fußspuren: ein evangelisches Leben im Dienst an den Menschen und der gesamten Schöpfung. Immer wieder kommt der Ausdruck, „den Fußspuren Christi folgen“, den Franziskus aus dem ersten Petrusbrief (vgl. 1 Petr 2,21) entnommen hat, in seinen Schriften vor. Es ist das Programm bzw. die Überschrift über das Programm seines Lebens.

Dabei stellen das Gehen in den Fußspuren Christi, das „Pilger und Fremdling sein“ und die Nachfolge keine geistliche Leiter dar, die es Stufe für Stufe zu erklimmen gilt, bis, oben angekommen, das Leben in Fülle bei Gott wartet – so wie es z. B. Johannes Cassian († 435) als einer der maßgeblichen geistlichen Schriftsteller für die Entwicklung des mönchischen Lebens im Westen formuliert hat. Franziskus nimmt sehr wohl die Tradition des Weges auf, doch gestaltet er ihn so anders, wie es nur eben geht. Es geht nicht um den individuellen Aufstieg, der dann in der mystischen Unio endet, in der persönlichen Vereinigung mit Gott; es geht um den Weg der Nachfolge im Hier und Jetzt, in der Begegnung mit dem anderen. Der franziskanische Weg und die franziskanische geistliche Erfahrung ereignen sich im Wandeln in den Fußspuren Christi im konkreten Leben und Alltag.

So sind die Fußspuren Christi, um im Bild zu bleiben, die geographischen Orte der franziskanischen Gottesbeziehung und der Kontemplation; es geht um die Begegnung, nicht nur mit sich selbst und Gott in der mystischen Vereinigung und/oder Entrückung. In seiner Gottesbeziehung und in seinem Verständnis von Gebet und Glauben wendet sich Franziskus gerade den Begegnungen zu, nicht von ihnen ab; die Erfahrung der Welt und der Menschen sind der Ort franziskanischer Nachfolge. Das ist die tiefe Dimension der Geschwisterlichkeit, die er und Klara gelebt haben und von ihren Gemeinschaften verlangen. So ist die Schriftlesung im franziskanischen Sinne die gelebte Umsetzung des Evangeliums. Diese Schriftlesung ereignet sich im Lesen des Wortes Gottes, in der Betrachtung des Kreuzes als dem Buch des Christen, aber auch im Lesen des Angesichts des anderen.

2. Nachfolge im Mindersein

Die Kenosis, die sich im Philipperbrief im Kapitel 4 innerhalb des Hymnus darstellt, lebt Franziskus konkret nach: Diener aller sein, sich für die anderen ans Kreuz schlagen lassen, sich auf eine Stufe mit den Verelendeten stellen, mit ihnen leben und ihnen die Würde zurückgeben, die Gott einem jeden Menschen gegeben hat. Nachfolge in den Fußspuren Jesu bedeutet Abstieg, wie es Jesus getan und gezeigt hat. „Minderbruder – das heißt soviel wie aller Welt unter den Füßen liegen. Denn je mehr Abstieg, desto mehr Aufstieg! Aus dem Grund hat der selige Franziskus gesagt, vom Herrn sei ihm geoffenbart worden, daß sie sich ‚Minderbrüder' nennen sollten."[9] Minderbruder sein und sich wie Christus denen zuwenden, die am Rande stehen, die nichts haben, die ihre Würde als Mensch verloren haben – für den franziskanischen Weg bedeutet das in erster Linie, wie Franziskus die Armut zu leben und zur Herrin zu nehmen; keine Armut um der Armut willen, keine Armut, die allein aus materiellen Entbehrungen besteht, sondern eine Grundhaltung des Herzens, die sich selbst loslassen kann um Gottes und der Menschen willen, die sich existentiell abhängig weiß von dem Du, das die Welt geschaffen hat und trägt. Dies ist eine Haltung, die nicht beherrschen und führen will, die vielmehr geduldig wartet und im Dienst am anderen sich auswirkt. Herrschsucht

[9] Pohlmann, 142.

und christliches Leben schließen sich für Franziskus aus. Der Mindere soll nicht über den anderen stehen, kein Amt annehmen, das ihn über andere erhebt, vielmehr demütig den letzten Platz einnehmen, wie Christus es getan hat. So schreibt Franziskus:

> „Keiner der Brüder, an welchen Orten auch immer sie bei anderen verweilen, um zu dienen oder zu arbeiten, soll Kämmerer noch Kanzler sein, noch überhaupt eine leitende Stelle in den Häusern innehaben, in denen sie dienen. Auch sollen sie kein Amt übernehmen, das Ärgernis hervorrufen oder ‚ihrer Seele Schaden zufügen würde' (vgl. Mk 8,36). Sie sollen vielmehr die Minderen und allen untergeben sein, die im gleichen Hause sind." (NbReg 7,1–2.)

Dies erfordert stete Umkehr und Umwandlung, denn wer will schon so leben: ohne Anerkennung, ohne Hochschätzung? Wer will es nicht zu etwas bringen?

Wahrhaft Mindere sind also solche Brüder, die ohne Rücksicht auf sich selbst allen anderen zu dienen bereit sind, zumal all jenen, mit denen sonst keiner gerne zu tun hat: denen, die am Rande leben und arm sind.

Die Bereitschaft, selbstlos zu dienen, ohne eigene Ansprüche für die anderen da zu sein und nicht erst zu fragen, was das bedeutet oder einbringt bzw. ergibt – das sind für Franziskus die Tugenden eines Minderen in der Nachfolge Christi. Im Prinzip ist das Mindersein ein Lebenszeugnis, eine Grundhaltung in allem, was der einzelne tut, unterläßt, redet oder arbeitet: „Niemals dürfen wir uns danach sehnen, über anderen zu stehen, sondern müssen vielmehr ‚um Gottes willen' die Knechte und Untergebenen ‚jeder menschlichen Kreatur' (1 Petr 2,13) sein." (2 BrGl 47–48.)

Wer allen zu dienen bereit ist, über den können die anderen verfügen wie Herren über ihre Knechte. Die Demut der Menschwerdung gilt es im eigenen Leben zu konkretisieren und zu entfalten: mit der eigenen Demut und demütigen Haltung die Demut Gottes bezeugen. Konkret bedeutet das Mindersein.

Franziskus nimmt die Nachfolge Christi buchstäblich. Für ihn gibt das Evangelium die Linie an. Die Aussendungsreden überträgt er auf sein Leben und gestaltet dieses entsprechend um. Nicht den

Weg der Apostel gilt es einzuschlagen, wie es viele seiner Zeitgenossen empfohlen haben, vielmehr direkt den Weg Christi. Franziskus will kein apostolisches Leben führen, sondern ein evangelisches, eines, das dem des Gottesohnes gleichkommt: als Pilger und Fremdling, als einer, der dient und es damit Christus in seiner Erniedrigung, in seiner Demut und seinem „Kleinwerden" gleichtun will.[10]

3. Nachfolge als Kreuzesgeschehen

Der Empfang der Stigmata macht das Wesen der Nachfolge für Franziskus sehr deutlich. In allem Christus gleich werden, gerade auch im Leiden und im Kreuzesgeschehen – so sehr hat Franziskus sich mit Christus in seinem Leben beschäftigt, daß er auch in Form der Stigmata Christus gleich wurde. Sehr schön beschreibt dieses der heilige Bonaventura, der das Leben des Franziskus als das eines zweiten Christus deutet. In der Einleitung zu der Erzählung über die Stigmata des heiligen Franziskus schreibt er:

> „Niemals vom Guten abzulassen war dem engelgleichen Manne Franziskus zur lieben Gewohnheit geworden. Wie die Himmelsgeister stieg er vielmehr auf der Jakobsleiter zu Gott empor oder zum Nächsten hernieder. [...] Gottes Offenbarung gab ihm darum ein, Christus werde ihm beim Aufschlagen des Evangelienbuches zeigen, was Gott an ihm und durch ihn am wohlgefälligsten sei. Als er mit großer Inbrunst gebetet hatte, nahm er das heilige Evangelienbuch vom Altar und hieß einen Gefährten, einen gottgeweihten frommen Mann, es im Namen der heiligsten Dreifaltigkeit öffnen. Als er beim dreimaligen Aufschlagen stets auf den Leidensbericht des Herrn stieß, erkannte der von Gott erfüllte Mann, er müsse, bevor er aus dieser Welt scheide, Christus in der Bedrängnis und in dem schmerzvollen Leiden ähnlich werden, wie er ihn zeitlebens in seinem Handeln nachgeahmt hatte." (Bonaventura 13,1–2.)

Zwei Bemerkungen verdienen nähere Beachtung. Zum einen erwähnt Bonaventura, wenn er dieses für heutige Menschen so schwer

[10] Vgl. Kapitel „Aufmerksamkeit als Haltung der Demut"

verständliche Phänomen der Stigmata bei Franziskus einleitet, daß Franziskus zwei Seiten seiner Gottesbeziehung intensiv lebte, die zusammengehören und zwangsläufig in ihrer Gleichförmigkeit mit Christus zu den Stigmata führten: auf einer Jakobsleiter ging er den Weg zu Gott empor – hier spielt Bonaventura auf die persönliche Beziehung von Franziskus zu Gott an; diese ist nicht nur geprägt von guten und intensiven Stunden, sondern auch von Kampf und Leid, von Abstieg und Aufstieg wie bei Jakob, dem Patriarchen. Gleichzeitig fügt Bonaventura hinzu, daß die andere Seite der Medaille für Franziskus der Weg zum Nächsten ist, so wie es Christus gelebt hat. Eine gelebte Gottesbeziehung wendet sich dem anderen zu. Der zweite Punkt, der erwähnenswert ist, ist die Gleichförmigkeit mit Christus, die sich aus der Schrift ergibt und in diesem Falle noch ergänzungswürdig ist: nämlich im Leiden und in den Stigmata.

> Bonaventura fährt fort in seinem Bericht: „Glühendes Verlangen trug ihn wie einen Seraph zu Gott empor, und inniges Mitleiden gestaltete ihn dem ähnlich, der aus übergroßer Liebe den Kreuzestod auf sich nahm. […] Als er jene geheimnisvolle Erscheinung hatte, wunderte er sich sehr, wußte er doch, daß Leidensfähigkeit keineswegs mit der Unsterblichkeit eines Seraphs vereinbar sei. Schließlich erkannte er durch eine Offenbarung des Herrn, die göttliche Vorsehung lasse ihm deswegen diese Erscheinung zuteil werden, damit er schon jetzt wisse, nicht der Martertod des Leibes, sondern die Glut des Geistes müsse ihn als Freund Christi ganz zum Bild des gekreuzigten Christus umgestalten. Als sich das Gesicht seinen Augen entzogen hatte, blieb in seinem Herzen jenes wunderbare Feuer zurück, prägte aber auch seinem Leibe ein nicht minder wunderbares Bild der Wundmale ein." (Bonaventura 13, 3.)

In der Kraft und im Zeichen des Kreuzes entfaltet sich die große Umformung des erlösten Menschen im „Leben der Buße": passionis Christi compassio; nicht nur Mitleid, sondern echtes Mitleiden; Nachahmung Christi auf dem Leidensweg nicht unter dem Gesichtswinkel irgendeiner „Verdienstlichkeit", sondern als Antwort des dankbaren Menschen, der vor der Selbstentäußerung Christi nichts anderes tun kann, als diese Selbstentäußerung im Leben der Buße nachzuvollziehen – darum geht es auf dem Weg der Nachfolge. Als Lektüre eines Weges der Nachfolge und eines Lebens der Nachfolge in der Buße ist ohne Zweifel für Franziskus das Kreuz und der Gekreuzigte zu sehen. Dieses Buch findet Franziskus überall dort, wo ein Kreuz steht, wo im Leben Kreuze begegnen – es ist also mehr als nur ein Verweilen vor dem Kreuz, als ein Meditieren und Anbeten in einem Meditationsraum. „Und als er dies gesagt und sie gesegnet hatte, gingen die Männer Gottes fort und beobachteten treu ergeben seine Ermahnungen. Wenn sie irgendeine Kirche oder ein Kreuz fanden, so verneigten sie sich zur Anbetung und sprachen demütig: ‚Wir beten dich an, Christus, und preisen dich all der Kirchen wegen, die auf der ganzen Welt sind, weil du durch dein Kreuz die Welt erlöst hast'. Sie glaubten nämlich eine Wohnstätte Gottes zu finden, wo immer sie ein Kreuz oder ein Kirche fanden." (DreiGefLeg 37.)

Gleichzeitig geht dies nur auf der Basis der Schriftlesung und der Auseinandersetzung mit dem Evangelium in Wort und Tat. Das zeigt eine Erzählung, die sich kurz vor dem Tode des heiligen Franziskus begeben hat: „Als er krank war und ihn überall am ganzen Leibe Schmerzen durchwühlten, sagte einmal ein Gefährte zu ihm: ‚Vater, immer hast du zur Schrift Zuflucht genommen, immer ist sie ein Heilmittel für Deine Schmerzen gewesen. Bitte, laß dir auch jetzt aus den Propheten etwas vorlesen, vielleicht wird dein Geist im Herrn frohlocken.' Darauf der Heilige: ‚Gut ist es, die Zeugnisse der Schrift zu lesen, gut ist es, den Herrn, unseren Gott, in ihnen zu suchen, ich habe mir aber schon so viel von der Schrift angeeignet, daß es mir zur Betrachtung und Erwägung vollauf genügt. Mehr brauche ich nicht, mein Sohn, ich kenne Christus, den Armen, den Gekreuzigten.'" (2 Cel 105.)

Nachfolge leben heißt also nichts anderes als in der Geistesgegenwart leben, sich beschenken lassen können, immer wieder von neuem umkehren müssen, wach sein, aufmerksam und sensibel sein, hören können, Gottes Stimme vernehmen und allein sein können.

> „Nachfolge begibt sich darum in den Horizont einer Wirklichkeit, die lauter Fülle und Ganzheit, die Schalom ist. Und angesichts dieser Wirklichkeit, der sie entgegengeht, angesichts dieser einen Perle ohne allen Vergleich wird die andere Wirklichkeit, die bis-

her bestimmend war, in ihrer Beschränktheit kenntlich und darum auch in ihrer Entbehrlichkeit neu eingeschätzt. Nachfolge schließt deshalb Abschied, Entwurzelung, Verluste notwendig ein, aber sie schließt damit nicht ab. Wer im biblischen Sinne nachfolgt, verläßt nicht nur das schützende Ufer, um sich dem Wasser anzuvertrauen, das ins Ungewisse treibt. Er kommt auch an."[11]

Dritte Grundhaltung: Aufmerksamkeit

In der Betrachtung der Lebenserzählungen über den heiligen Franziskus sowie in der künstlerischen Darstellung durch die Jahrhunderte fällt eines auf: Immer wieder wird er als ein Mensch dargestellt, der es anscheinend verstanden hat, das Leben in all seinen geschöpflichen Dimensionen zu leben und auch zu genießen. Für Olivier Messiaen z. B., um einen großen Musiker unserer Tage zu nennen, ist er der Mensch, der mit den Geschöpfen sprechen konnte, der es verstand, allem mit einer Einfalt und Unvoreingenommenheit des Herzens zu begegnen, die den anderen einluden, sich auf diesen kleinen Mann aus Assisi einzulassen. Er ist derjenige, der mit Vögeln und Tieren sprechen kann; die Vogelpredigt ist in unzähligen Bildern und Skulpturen durch die Jahrhunderte festgehalten worden. In den Fioretti heißt es zum Inhalt seiner Predigt den Vögeln gegenüber:

> „‚Vögel, ihr meine lieben Geschwister, sehr verbunden seid ihr Gott, eurem Schöpfer, und sollt immer und allerorts sein Lob singen. Denn er hat euch die Freiheit gegeben zu fliegen, wohin ihr wollt, und euch ein doppelt und dreifaches Kleid verliehen. [...] Wie sehr also liebt euch euer Schöpfer, daß er euch so viel Gutes erweist! Hütet euch also, ihr meine Geschwister, vor der Sünde der Undankbarkeit und befleißigt euch allezeit, Gott zu loben.' Bei diesen Worten des heiligen Franziskus begannen alle Vögel die Schnäbel zu öffnen, die Hälse zu recken, die Flügel zu schlagen und ehrerbietig die Köpfe zur Erde zu neigen und so mit Gebärden und Gesang zu bezeugen, wie große Freude ihnen der heilige Vater bereitete." (Fior 16.)

---

[11] Strunk, 25.

Franziskus ist nicht umsonst der Patron des Umweltschutzes – hier spricht sich aus, was Menschen aller Jahrhunderte empfunden haben mögen, wenn sie sich mit ihm auseinandergesetzt haben: ein Geschöpf Gottes, das die Geschöpflichkeit alles Geschaffenen ernst nimmt, selbst die des von Menschen so titulierten Unkrauts; er ist ein Mensch, der auf das Herz und auf das Wesen des Geschaffenen schaut – so auch auf das Herz der Aussätzigen, nicht auf deren Aussatz.

In den Fioretti wird z. B. davon berichtet, daß Franziskus die geheimsten Regungen aller seiner Ordensbrüder kannte – sicherlich eine Übertreibung, doch spricht sich darin aus, daß sich die Brüder von ihm angenommen und ernstgenommen fühlten, daß er auf jeden einzelnen eingegangen ist und ihm seine Aufmerksamkeit, sein Ohr und vor allem sein Herz geschenkt hat. Es heißt dort im 31. Kapitel: „Wie unser Herr, Jesus Christus, im Evangelium sagt:

> ‚Ich kenne meine Schafe, und sie kennen mich', so kannte der heilige Vater Franziskus, als ein guter Hirt, alle Verdienste und Tugenden seiner Genossen kraft göttlicher Offenbarung, und so kannte er auch ihre Fehler. Deshalb wußte er für jeden das beste Heilmittel anzuwenden, indem er die Stolzen demütigte, die Demütigen emporhob, die Lasterhaften tadelte und die Tugendhaften lobte; wie man aus den wunderbaren Offenbarungen lesen kann, die er über diese, seine erste Familie hatte." (Fior 31.)

Franziskus, und das fällt in den Erzählungen über ihn auf, ist ein Mensch, der – wie auch Klara – mit allen Sinnen zu leben vermag. Er geht erhobenen Hauptes durch die Schöpfung Gottes und spricht mit allem, was ihm begegnet, ob Mensch oder Tier. Das erfordert eine große Portion von Aufmerksamkeit und auch Einfühlungsvermögen.

Ein Blick auf die Herkunftsgeschichte des Wortes „Aufmerksamkeit" macht die immense Bedeutung dieses Wortes für das Leben deutlich und dabei auch die große Kraft, die es als Haltung – gerade auch für Begleitung und Leitung – erhalten kann. Etymologisch gesehen kommt der Begriff der Aufmerksamkeit von dem Wort „merken", das fast gleichlautend aus dem Germanischen kommt: „beachten, mit Zeichen versehen, auf Zeichen reagieren".

Aufmerksamkeit hat also etwas mit Beachtung, Beobachtung zu tun, mit genauem Hinsehen und einer abwartenden, betrachtenden Haltung – einer Haltung, die Franziskus exemplarisch gelebt hat.

1. Aufmerksamkeit als Haltung der Sinnlichkeit/Geschöpflichkeit

Aufmerksamkeit, das wird bei Franziskus deutlich, ist eine Haltung und Kategorie, die den Menschen auf die anderen Geschöpfe, auf den anderen Menschen hin orientiert und ihm bewußt macht, daß er nicht allein ist, daß er abhängig ist von anderen, daß er nur gemeinsam mit anderen die Schöpfung gestalten kann. Sie macht deutlich, daß der Mensch ein Wesen ist, das mit Sinnen ausgestattet ist: mit dem Herzen, mit dem Blick, dem Hören, dem Geruchs- und Tastsinn, mit Geschmack. Nicht umsonst spricht Franziskus immer wieder davon, wie wichtig es ist, die Gegenwart Gottes nicht einfach nur wahrzunehmen, sondern zu verkosten, regelrecht zu schmecken und einzuatmen – ein für ihn köstliches Lebenselexier. Und so wird auch von ihm, wie vor allem auch vom heiligen Bonaventura, immer wieder berichtet, wie sehr er die Schöpfung verkostete, weil alle Dinge den Geruch und Geschmack Gottes tragen, der der Urgrund allen Geschaffenen ist:

> „Um sich aber durch alle Dinge zur Gottesliebe aufrufen zu lassen, jubelte er über alle Werke der Hände des Herrn und erhob sich von den Spiegelbildern seiner Schönheit zu deren lebenspendendem Quellgrund. In allem Schönen schaute er zugleich den Schönsten. Auf den Spuren, die er den Dingen eingeprägt fand, ging er überall dem Geliebten nach und benützte alle Dinge als Leiter, auf der er emporsteigen und den umfassen konnte, der ganz liebenswert ist. In einer liebenden Gottseligkeit, wie sie nie erhört war, verkostete er in den einzelnen geschaffenen Dingen, als seien sie viele kleine Bäche, den Quell aller Güte. Als ob er in dem Zusammenspiel der Kräfte und Handlungen, die Gott ihnen verliehen, gleichsam eine himmlische Melodie vernommen hätte, ermahnte er sie in Liebe zum Lobe des Herrn, wie es der Prophet David getan." (Bonaventura 9,1.)

Eine wunderschöne Erzählung, die deutlich macht, daß Aufmerksamkeit aufgrund der Geschöpflichkeit eine tiefe Dimension des Lebens des heiligen Franziskus ist.

Aufmerksamkeit, so der Philosoph Bernhard Casper[12], hat einen merkwürdigen Doppelcharakter: Einerseits ist sie Aktivität des Menschen selbst, der sich in der Aufmerksamkeit auf andere und anderes zubewegt und es sich erschließt durch Betrachtung und Beobachtung. Zugleich aber begegnet der Mensch in der Haltung der Aufmerksamkeit einem anderen oder etwas anderem, das nicht er ist und das passiv die Beobachtung und Wahrnehmung über sich ergehen lassen muß. Von daher ist es zutiefst eine Haltung, die einhergeht mit Ehrfurcht, mit Respekt und mit einer gewissen Freiheit, den anderen erst einmal so zu sehen, wie er ist.

Zugleich ist die Aufmerksamkeit ein Lobpreis und eine Anerkennung dessen, was um den Menschen herum ist, aus der Haltung heraus, daß er nicht alles und nicht allein ist – ein Wahrnehmen seiner Endlichkeit und der Unendlichkeit von Welt und Gott. Alles ist Tempel des Herrn und spiegelt ihn wider. Das ist Inhalt und gleichzeitig Methode der Aufmerksamkeit – allzeit mit reinem Herzen zu Gott beten:

> „Das Wort Gottes anhören, lesen, betrachten; die Menschen und alles, was sich um uns tut, aufmerksam beobachten; staunenden Auges die uns brüderlich verwandte Schöpfung betrachten – all das kann und soll uns ständig mit dem lebendigen Gott, dem Vater, dem Sohn und dem Geist, in Verbindung bringen. (...) Um so zu beten, das Geheimnis Gottes lebendig zu erfahren und das Reich Gottes und seine Gerechtigkeit zu suchen, bedarf es einer speziellen Hilfe: Jeder Bruder muß sich mit Bedacht Zeiten der Einsamkeit und des Schweigens vorbehalten, und das Leben in Einsiedeleien muß in zeitgemäßer Form wieder möglich gemacht werden (RegEins 90)."[13]

---

[12] Vgl. Casper, B., Das Ereignis des Betens. Grundlinien einer Hermeneutik des religiösen Geschehens, Freiburg München 1998. (Phänomenologie 1; Bd. 3.)

[13] Matura, 115f.

2. *Aufmerksamkeit als Haltung der Demut*

In der Weise der Aufmerksamkeit kommt der Mensch zu sich selbst und vor allem auch zum anderen, weil er von sich absehen lernt und sich dem anderen widmet. Es ist ein Geschehen der Sammlung, ein Anrühren der Tiefe des Lebens, so daß Paul Celan, wenn auch in einem anderen Zusammenhang, die Aufmerksamkeit als das natürliche Gebet der Seele bezeichnet. Franziskus ist ein Mensch, der aufmerksam lebt; einer, der die Begegnung mit der Schöpfung ernst nimmt, weil er eine Haltung mit der Aufmerksamkeit verbindet, die im Gebet ihre vollkommenste Ausdrucksweise findet: die Demut. Diese Haltung gehört zum Dreigestirn franziskanischer Frömmigkeit: Geschöpflichkeit – Aufmerksamkeit – Demut.

Geschöpflichkeit und das Wissen um die Schaffenskraft Gottes beinhalten für Franziskus das Wissen um die eigene Existenz, um die eigenen Unzulänglichkeiten und Schwächen. Aus sich heraus kann der Mensch nichts, von Gott und mit ihm alles. „Ich bin ein Wurm und kein Mensch, ein Spott für die Menschen und die Verachtung des Volkes (Ps 21,7).“ (2 BrGl 46.)

Ich bin ein Wurm – diese Worte, ein Zitat aus den Psalmen, treffen die Haltung von Franziskus sehr gut. Franziskus betrachtet sich und die Brüder als die Minderen, als diejenigen, die allen untertan sind, die sich zurücknehmen um des anderen willen. Sie wollen nichts anderes, als es Jesus Christus gleichtun. Franziskus zeigt mit seinem Leben, daß der Weg der franziskanischen Nachfolge ein Weg ist, die Demut der Menschwerdung im eigenen Leben zu konkretisieren und zu entfalten. Mit der eigenen Demut und demütigen Haltung will Franziskus die Demut Gottes bezeugen, und diese Demut ist die wahre Liebe.

„Seid untereinander so gesinnt, wie es dem Leben in Christus
Jesus entspricht:
Er war Gott gleich,
hielt aber nicht daran fest, wie Gott zu sein,
sondern er entäußerte sich
und wurde wie ein Sklave
und den Menschen gleich.
Sein Leben war das eines Menschen;

er erniedrigte sich
und war gehorsam bis zum Tod,
bis zum Tod am Kreuz.
Darum hat ihn Gott über alle erhöht
und ihm den Namen verliehen,
der größer ist als alle Namen,
damit alle im Himmel, auf der Erde und unter der Erde
ihre Knie beugen vor dem Namen Jesu
und jeder Mund bekennt:
‚Jesus Christus ist der Herr' –
zur Ehre Gottes, des Vaters." (Phil 2,5–11)

Auf diese Stelle bezieht sich der heilige Bonaventura, wenn er in einer seiner Predigten die Demut des Franziskus hervorhebt und ihre Charakteristika herausstreicht. Diese Worte sprechen für sich:

„Der heilige Franziskus besaß Demut, weil er Gott verehrte, größere Demut, weil er den Nächsten ertrug, und endlich die größte Demut, weil er sich selbst verachtete, um jenem nachzufolgen, von dem geschrieben steht: Er entäußerte sich selbst und nahm Knechtsgestalt an. In dieser Knechtsgestalt wurde er empfangen und konnte darum von sich sagen: Klein bin ich und verachtet. Ein Wurm bin ich, nicht mehr ein Mensch: der Leute Gespött, von der Menge verachtet. Der Herr offenbarte seine Herrlichkeit im Himmel, und da die Engel im Gefolge Luzifers ihre Hand danach ausstreckten, stürzten sie ins Verderben. Luzifer riß aber auch den Menschen, der nach Gottes Bild geschaffen war, in seinem Sturz mit sich. Im Himmel hat Christus nicht die Demut gelehrt; er hat sich darum erniedrigt, weil er sie als Wurzel der Weisheit predigen wollte. Wer daher Christi Weisheit besitzen will, muß bei der Wurzel der Heiligkeit anfangen, wie dies auch der heilige Franziskus getan hat. Als er sich soeben bekehrt hatte, warfen die Mitbürger mit Straßenkot nach ihm, nackt trat er vor den Bischof und verzichtete auf alle irdischen Güter, und später wurde er ein Mann von einzigartiger Heiligkeit; daraus ersieht man, daß er zu hoher Heiligkeit und Demut gelangt ist. Der heilige Bernhard sagt: ‚Der wahrhaft Demütige will als verächtlich angesehen, nicht als demütig gepriesen werden.' Und der heilige Gregor schreibt: ‚Wie die Stolzen sich über

Ehrenbezeugungen freuen, so freuen sich die Demütigen über Verachtung.' Und woher kommt die Demut? Sicherlich aus der Tiefe des Herzens." (Bonaventura, Predigt 2.)

Aus der Tiefe des Herzens kommt die Demut, und Christus, der menschgewordene Gottessohn, ist Urbild und Vorbild dessen, was es heißt;, jedermann untertan zu sein. Christus hat sich besonders der Armen und Entrechteten angenommen, der Einfachen und Elenden, der Hilfsbedürftigen und Ratlosen, jener, die nichts galten und verachtet waren, die „minder" im negativen Sinne waren und galten – minder aufgrund von unterschiedlichen Kategorien: krank, arm, entrechtet, aussätzig, verleumdet, ein falscher Beruf ... von Dämonen besessen.

Die Demut und der Respekt vor dem einzelnen, der sich in dieser Haltung ausdrückt, wie es Bonaventura beschrieben hat, nehmen vor allem auch für die heilige Klara konkrete Formen an, die in dem gipfeln, was Christus an sich hat geschehen lassen und was er den Jüngern beim letzten Abendmahl zuteil hat werden lassen: Fußwaschung und Fußkuß.

„Doch auf das Drängen des heiligen Franziskus hin übernahm sie schließlich die Leitung der Armen Frauen. Darob entsprang in ihrem Herzen Furcht, nicht Stolz; so mehrte sich nicht die Zügellosigkeit, sondern der unbedingte Gehorsam. Je höher sie nämlich in den Augen der anderen an äußerer Würde stand, desto geringer schätzte sie sich selber ein, desto bereiter zeigte sie sich zum Dienst an den anderen, desto schlichter war sie in ihrer Lebensweise. Keinen Magddienst verschmähte sie. Das ging so weit, daß sie meistens den Schwestern das Wasser auf die Hände goß, sich zu den Sitzenden hinstellte, beim Essen die Schwestern bediente. Nur sehr ungern gab sie einen Befehl; ja, freiwillig griff sie selbst zu, da sie lieber persönlich zugreifen als den Schwestern befehlen wollte. Selbst die Stühle der Kranken wusch sie ab; sie selbst reinigte sie in ihrer edlen Gesinnung, mied nicht den Schmutz, noch schreckte sie vor üblem Geruch zurück. Des öftern wusch sie den Schwestern, die außerhalb dienten, wenn sie zurückkehrten, die Füße und küßte sie nach dem Waschen. Einmal wusch sie einer Dienstschwester die Füße und beeilte sich, sie zu küssen. Jene aber zog, da sie solche Demut nicht ertrug, den Fuß weg und stieß dabei ihre Herrin mit dem Fuß ins Gesicht. Klara aber nahm den Fuß der Schwester sachte zurück und drückte auf die Fußsohle einen kräftigen Kuß." (LebKl 12.)

Auch dem Papst küßte sie auf dem Sterbebett die Füße.

Franziskus geht auf diese Geste in seinem Brief an den gesamten Orden ein, indem er schreibt: „Daher bitte ich euch alle, meine Brüder, euch die Füße küssend, mit der Liebe, deren ich fähig bin ..." (BrOrd 12f.) – eine Geste, die soviel mehr von Geschöpflichkeit, Aufmerksamkeit und Demut zum Ausdruck bringt, als dies Worte zu tun vermögen.

Vierte Grundhaltung: Menschsein

Menschsein ist keine abgeschlossene Sache, die mit dem Vorgang der Geburt ihr Ziel erreicht hat. Menschwerdung bleibt Auftrag für den Menschen im sozialen wie spirituellen Bereich und ist die große Chance, mit den eigenen Stärken und Schwächen gut umzugehen und auch in den jeweiligen Phasen des menschlichen Lebens einen Wachstumsprozeß zuzulassen.

Menschwerdung und Menschsein spielen in den Exerzitien eine große Bedeutung für denjenigen, der in dieser Zeit sich selbst auf die Spur kommen will. Menschsein heißt zunächst auch passiv sein, sich in erster Linie als Empfangender und Beschenkter zu erfahren. Dies ist wiederum eine starke Herausforderung für die Menschen unserer Tage, die auf Leistung und „machen wollen" – und „machen müssen" ausgerichtet sind.

Gott schuf den Menschen: Die Kapitel in Gen 1 und 2 im Alten Testament berichten in eindrucksvoller Weise von Gottes Werk. Den Schreibern der Urgeschichte war es wichtig, deutlich zu machen, daß Gott und die Beziehung des Geschöpfes zu ihm Leben schenken. „Dann sprach Gott: Laßt uns Menschen machen als unser Abbild, uns ähnlich. [...] Gott schuf also den Menschen als sein Abbild; als Abbild Gottes schuf er ihn. Als Mann und Frau schuf er sie. [...] Gott sah alles an, was er gemacht hatte: Es war sehr gut." (Gen 1,26a.27)

Der Mensch tut gut daran, dieses „Es war sehr gut" für sich, sein Dasein und sein Leben als Wirklichkeit zu sehen und anzuerkennen, selbst wenn die Erfahrung oder gegenwärtige Situation dagegen sprechen. Gottes Ja zum Menschen, sein „sich Einprägen" in menschliches Sein, seine Zusage in Form von Verheißung durch die Geschichte hindurch, so z. B. bei Abraham (Gen 12,1–3) und Mose (Ex 3,7) bis hin zur Menschwerdung Gottes in Jesus Christus, ist das absolute Stehen Gottes zum Menschen.

Die Menschwerdung, wie sie in der Bibel beschrieben ist, wird im Verhalten Jesu nochmals unterstrichen. Der Mensch hat eine herrliche Chance, immer mehr Mensch zu werden. Mit der Geburt ist zwar ein Mensch auf diese Welt gekommen, aber er ist nicht fertig. Das Heranwachsen im Mutterschoß in einem begrenzten, abgeschlossenen Raum, nicht der Öffentlichkeit preisgegeben, ist ein genauso wichtiger Aspekt der Menschwerdung wie das mühsame Lernen des aufrechten Ganges, der Sprache und der Eroberung des Lebensraumes.

So gilt es heute noch, Mensch zu sein, indem wir immer wieder Mensch werden: Dem Menschen fehlt noch viel, was zu seinem vollen Wesen gehört. Zu viele Möglichkeiten schlummern unausgefaltet in ihm. Und wie schnell sind viele dabei, Wachstumsmöglichkeiten für sich auszuschlagen: „Da bin ich zu alt, das kann ich nicht"! Und doch bleibt jeder – vor allem auch im geistlichen Leben und im ganzheitlichen Leben – angewiesen auf den Prozeß des Werdens. Jeder einzelne hat seine Identität, sein ureigenstes Wesen noch lange nicht gefunden. Die Sehnsucht ist da und wird genützt von allen möglichen „Heilsangeboten".

‚Heil' wird der Mensch, wenn das, was ihn ausmacht, mit Gott in Berührung gebracht wird. Da geht es nicht um Wertung und Bewertung, da ist das Sein gefragt. Und es ist wichtig, sich immer wieder von neuem auf diesen Prozeß der Menschwerdung einzulassen, ihn zuzulassen und nicht fertig zu sein, seine Identität nicht „abgepackt in der Tasche" mit sich zu tragen.

Gottes Bild, das Er in den einzelnen hineingelegt hat, will gesehen und erahnt werden. Vor allem geht es um ein Annehmen des Menschen mit seiner Größe und Grenze. Der Mensch mit seiner Wahrheit, wie immer diese aussieht, wird dabei von Gott nicht im

Stich gelassen. In der Menschwerdung Jesu sagt Gott mit seinem ganzen Wesen Ja zum Menschen. In Jesus Christus hat Gott selbst sich nicht nur der Menschheit angenommen, sich niedergebeugt, sondern sich „entäußert" (Phil 2), um Bruder aller Menschen zu werden. In Jesu Verhalten ist ablesbar, was dem Menschen zum Menschsein und zur Menschwerdung verhilft. Es ist nicht der chemisch reine Raum der Abgrenzung und Reinheit. Jesus sieht, er läßt zu, geht auf Menschen ein, fragt nach, schützt den Lebensraum, scheut sich aber auch nicht vor Konflikten:

Jesus sieht den Oberzöllner Zachäus auf dem Baum und holt ihn herab, lädt sich bei ihm ein.

Jesus läßt sich von der Sünderin die Füße salben und liebkosen.

Jesus entlarvt die Ankläger und läßt sich nicht auf ihren Schuldspruch ein und mißbrauchen.

Kinder, Frauen, Ausgesetzte und Besetzte sind ihm willkommen, genauso wie Pharisäer und Schriftgelehrte. Aber er streitet auch, wenn Gesetze dem Menschen aufgebürdet werden.

Jesus gibt dem um Hilfe suchenden Menschen die Möglichkeit, seine Not zu äußern und zu sagen, was er will.

Er läßt sich berühren von der blutflüssigen Frau und holt sie in die Gesellschaft zurück.

Jesus benennt die ungenutzte Chance von Jerusalem und weint über die Stadt.

Er fragt nach, was an Brotvorrat da ist und teilt mit denen, die nichts haben.

Er bindet sich ein Leinentuch um und wäscht den Freunden die Füße.

Im Menschen Jesus von Nazaret zeigt Gott sein Wesen, sich selbst: im Kind in der Krippe, in einem gewöhnlichen Menschen, in einem zum Tod verurteilten Verbrecher, in Brot und Wein, im Aussätzigen und in all dem, was wir Menschen als niedrig und wertlos erachten. Bei Jesus in die Schule der Menschwerdung gehen fordert vom Menschen eine klare Entscheidung zu sich selbst und zu Gott.

Klara von Assisi nimmt als Bild den Spiegel und sagt zu Agnes von Prag: ‚Stell dir Jesus Christus als Spiegel vor. In ihm spiegelt sich der Vater – sag mir, was siehst du?

Stelle dir Jesus Christus als Spiegel vor. In ihm spiegelt sich sein Menschenleben. In ihm spiegelt sich sein Geist. Sag mir, was siehst du? Stelle dir Jesus Christus als Spiegel vor. In ihm spiegelst du dich. Sag mir, was siehst du?'[14]

1. Gottes Menschwerdung als Anstoß für unser Menschsein

Franziskus ist geradezu angetan, fasziniert und bis ins Innerste von der Menschwerdung Gottes getroffen. Er will, daß die Menschen einen Zugang zu diesem Geheimnis finden, und er spricht einen Mann aus Greccio an, damit er die Vorbereitungen für das Fest treffe:

> „Ich möchte nämlich das Gedächtnis an jenes Kind begehen, das in Bethlehem geboren wurde, und ich möchte die bittere Not, die es schon als kleines Kind zu leiden hatte, wie es in eine Krippe gelegt, an der Ochs und Esel standen, und wie es auf Heu gebettet wurde, so greifbar als möglich mit leiblichen Augen schauen. Als der gute und treuergebene Mann das hörte, lief er eilends hin und rüstete an dem genannten Ort alles zu, was der Heilige angeordnet hatte.
> Es nahte aber der Tag der Freude, die Zeit des Jubels kam heran. Aus mehreren Niederlassungen wurden die Brüder gerufen. Männer und Frauen jener Gegend bereiteten, so gut sie konnten, freudigen Herzens Kerzen und Fackeln, um damit jene Nacht zu erleuchten, die mit funkelndem Sterne alle Tage und Jahre erhellt hat. Endlich kam der Heilige Gottes, fand alles vorbereitet, sah es und freute sich. Nun wird eine Krippe zurechtgemacht, Heu herbeigebracht, Ochs und Esel herzugeführt. Zu Ehren kommt da die Einfalt, die Armut wird erhöht, die Demut gepriesen, und aus Greccio wird gleichsam ein neues Bethlehem. Hell wie der Tag wird die Nacht, und Menschen und Tieren wird sie wonnesam. Die Leute eilen herbei und werden bei dem neuen Geheimnis mit neuer Freude erfüllt. Der Wald erschallte von den Stimmen und die Felsen hallen wider von dem Jubel. Die Brüder singen und bringen Gott das Lob gebührend dar, und die ganze

---

[14] Vgl. Singen, 76.

Nacht jauchzt auf in hellem Jubel. Der Heilige Gottes steht an der Krippe, er seufzt voll tiefen Wehs, von heiliger Andacht durchschauert und von wunderbarer Freude überströmt. Über der Krippe wird ein Hochamt gefeiert, und ungeahnte Tröstungen darf der Priester verspüren.
Da legt der Heilige Gottes die Levitengewänder an – denn er war Diakon – und singt mit wohlklingender Stimme das heilige Evangelium. Und zwar lädt seine Stimme, seine starke Stimme, seine sanfte Stimme, seine klare Stimme, seine wohlklingende Stimme alle zum höchsten Preise ein. Dann predigt er dem umstehenden Volk von der Geburt des armen Königs und bricht in lieblichen Lobpreis über die kleine Stadt Bethlehem aus. Oft wenn er Christus ‚Jesus' nennen wollte, nannte er ihn, von übergroßer Liebe erglühend, nur ‚das Kind von Bethlehem' und wenn er ‚Bethlehem' aussprach, klang es wie von einem blökenden Lämmlein. Mehr noch als vom Worte floß sein Mund über von süßer Liebe. Wenn er das ‚Kind von Bethlehem' oder ‚Jesus' nannte, dann leckte er gleichsam mit der Zunge seine Lippen, indem er mit seinem glückseligen Gaumen die Süßigkeit dieses Namens verkostete und schlürfte. Es vervielfachten sich dort die Gaben des Allmächtigen, und ein frommer Mann hatte ein wunderbares Gesicht. Er sah nämlich in der Krippe ein lebloses Knäblein liegen; zu diesem sah er den Heiligen Gottes herzutreten und das Kind wie aus tiefem Schlaf erwecken. Gar nicht unzutreffend ist dieses Gesicht; denn der Jesusknabe war in vielen Herzen vergessen. Da wurde er in ihnen mit seiner Gnade durch seinen heiligen Diener Franziskus wieder erweckt und zu eifrigem Gedenken eingeprägt. Endlich beschließt man die nächtliche Feier, und ein jeder kehrt in seliger Freude nach Hause zurück." (1 Cel 84–87.)

Franziskus hat im Innersten begriffen, was Gottes Menschwerdung bedeutet. Er will mit eigenen Augen sehen, mit eigenen Händen greifen, welche „Not" Gott auf sich genommen hat, um einer von uns zu werden. In seinem Weihnachtspsalm findet er dafür treffende Worte :„Denn das heiligste, geliebte Kind ist uns geschenkt und für uns geboren (vgl. Jes 9,6) am Weg und in eine Krippe gelegt worden, weil es keinen Platz in der Herberge hatte (vgl. Lk 2, 7)."

(Off 15,7.) Franziskus nimmt Sätze aus der Weihnachtsbotschaft nach Lukas auf. Und wenn er schreibt „auf dem Weg“, dann ist das auch ein Bild, wie er seine Nachfolge als Pilger und Fremdling versteht. Zugleich ist es ein Hinweis für den Exerzitienprozeß: auf dem Weg bleiben, im Unterwegssein wird Christus geboren, will er Fleisch werden im Menschen.

Bemerkenswert ist es, daß Franziskus im Weihnachtspsalm das Kreuz und die lebenslange Nachfolge nicht ausspart. Sich selbst bringen, wörtlich „seine Leiber“, das ist die eindeutige Aufforderung nach des Menschen Menschwerdung und als dieser Mensch die Nachfolge zu wagen.

Zur Vesper am Weihnachtsfest schreibt Franziskus einen Psalm, der in sehr eindrücklicher Weise die Menschwerdung Gottes in Jesus besingt. Dabei fügt er Psalmworte und andere Worte der Schrift zusammen. Das Resultat ist ein Psalm, der nicht nur die Menschwerdung Gottes besingt und bejubelt, vielmehr auch des Menschen Menschwerdung einschließt: Gott ist um des Menschen Menschwerdung willen Mensch geworden:

„Jubelt Gott, unserm Helfer (Ps 80,2a), jauchzt dem Herrn, dem lebendigen und wahren Gott, mit Jubelklang (vgl. Ps 46,2b).
Denn der Herr ist erhaben, ist furchtbar, ein großer König über die ganze Erde (Ps 46,3).
Denn der heiligste Vater im Himmel, unser König vor Ewigkeiten (Ps 73,12a), hat seinen geliebten Sohn aus der Höhe gesandt, und er ist von der seligen Jungfrau, der heiligen Maria, geboren worden.
Er hat zu mir gerufen: Mein Vater bist du (Ps 88,27a), und ich werde ihn zum Erstgeborenen machen, erhaben über die Könige der Erde (Ps 88,28).
An jenem Tag hat der Herr sein Erbarmen entboten, und in der Nacht erklang sein Lobgesang (vgl. Ps 41,9a-b).
Das ist der Tag, den der Herr gemacht hat, an ihm laßt uns jubeln und frohlocken (Ps 117,24).
Denn das heiligste, geliebte Kind ist uns geschenkt und für uns geboren (vgl. Jes 9,6) am Weg und in eine Krippe gelegt worden, weil es keinen Platz in der Herberge hatte (vgl. Lk 2,7).

Ehre sei Gott, dem Herrn, in den höchsten Höhen und auf Erden Friede den Menschen guten Willens (vgl. Lk 2,14).
Freuen sollen sich die Himmel, und es juble die Erde; aufwalle das Meer und seine Fülle; freuen soll sich die Flur und alles, was auf ihr ist (Ps 95,11–12).
Singt ihm ein neues Lied, singt dem Herrn, ihr Lande all (Ps 95,1).
Denn groß ist der Herr und überaus preiswürdig, furchtbar ist er über alle Götter (Ps 95,4).
Bringt dem Herrn, ihr Völkerstämme, bringt dem Herrn Preis und Ehre, bringt dem Herrn den Lobpreis für seinen Namen (Ps 95,7–8a).
Bringt euch eure Leiber und tragt sein heiliges Kreuz und folgt bis zum Ende seinen heiligsten Geboten (Lk 14,27; 1 Petr 2,21)."
(Off 15.)

„Denn das Kind ist für uns geboren", „bringt eure Leiber dar" – Franziskus läßt die Botschaft von der Menschwerdung Gottes nicht unberührt; er spürt, sie wird nur dann wahr und entfaltet ihre ganze Botschaft, wenn der Mensch sich auf den Weg macht, diese Botschaft umzusetzen, sich diesem Gott hinzugeben und so ganz zu sich und seiner Berufung zu finden, um so zum Eigentlichen seines Menschseins und seines Wesens zu gelangen.

Die zuvor bereits erwähnte Begebenheit, in welcher Franziskus die Weihnachtserzählung praktisch am Altar in der Kirche spielt und so zu neuem Leben erweckt, zeigt ein weiteres Element, das deutlich macht, wie ernst es Gott mit der Menschwerdung seines Sohnes ist und mit der eines jeden einzelnen Menschen: Über dem Altar, der Stelle, an der Franziskus Weihnachten feierte, ist ein bemerkenswertes Bild: Maria reicht dem Kind die Brust. Es ist ein Zeugnis für die Bejahung der Leiblichkeit in einer Zeit der dualistischen Weltanschauung, eine für damalige Verhältnisse (das Bild scheint aus dem 14. Jahrhundert zu kommen) ungeheure Botschaft. „Gott hat an der Brust einer Frau gehangen", so sagt Franziskus.

Dieses Bild sagt in Verbindung mit der Erzählung von Greccio, daß Gott Mensch wird und Wohnung nehmen will im Menschen, er will Fleisch werden.

Klara von Assisi hat in ähnlicher Weise wie Franziskus das Weihnachtsgeheimnis erfaßt: Im Brief an Agnes von Prag schreibt sie „Wunderbare Demut, staunenswerte Armut! Der König der Engel, der Herr des Himmels und der Erde wird in eine Krippe gelegt!" (4 BrAg 3.)

2. Menschsein in der Haltung der Mütterlichkeit

Franziskus wie Klara pflegen einen menschlichen Umgang, und so gibt es klare Anweisungen zu mütterlicher Sorge der Brüder bzw. Schwestern füreinander: Mütterlichkeit als Haltung, als Aufgabe, als Trost und geistlicher Weg, als die Art und Weise, wie die Brüder miteinander leben sollen, als Kraftquelle.

Franziskus verwendet das Wort „Mutter" oft, wenn er den Mitbrüdern etwas deutlich machen will. An seinen Gefährten und Sekretär Bruder Leo schreibt er:

> „Bruder Leo, dein Bruder Franziskus wünscht dir Heil und Frieden. So sage ich dir, mein Sohn, wie eine Mutter, weil ich alle Worte, die wir auf dem Wege gesprochen haben, kurz in diesem Wort unterbringe und rate – und wenn es dir nachher (doch) nottut, um einen Rat zu mir zu kommen – so also rate ich dir: Auf welche Weise auch immer es dir besser erscheint, Gott, dem Herrn, zu gefallen und seinen Fußspuren und seiner Armut zu folgen, so tu es mit dem Segen Gottes, des Herrn, und mit dem Gehorsam gegen mich. Und wenn es dir notwendig ist, um deiner Seele oder deines sonstigen Trostes willen zu mir zu kommen, und wenn du zu mir kommen willst, Leo, so komm." (Leo)

Diese persönliche Zuwendung, diese Teilnahme an Leos Schicksal, diese Art von Mitgefühl, dieses Entfaltenlassen eines Menschen ist ein durch und durch weiblicher, ja mütterlicher Zug.

In der nicht bullierten Regel schreibt Franziskus: „Und jeder liebe und ernähre seinen Bruder, wie eine Mutter ihren Sohn liebt und ernährt (vgl. 1 Thess 2,7); dabei wird Gott ihm Gnade schenken." (NbReg 9,11.)

In der bullierten Regel bekommt diese Aufforderung eine geistliche Begründung: „Und vertrauensvoll soll einer dem anderen seine Not offenbaren; denn wenn schon eine Mutter ihren leiblichen Sohn nährt und liebt (vgl. 1 Thess 2,7), um wieviel sorgfältiger muß einer seinen geistlichen Bruder lieben und nähren?“ (BReg 6,8.)

Ein besonders wertvolles Dokument ist die „Regel für Einsiedeleien“, welche Franziskus für die Brüder schrieb, die ein Einsiedlerleben führen wollten.

> „Jene, die als Ordensleute in Einsiedeleien verweilen wollen, sollen zu drei oder höchstens zu vier Brüdern sein. Zwei von ihnen sollen die Mütter sein und sollen zwei Söhne oder wenigstens einen haben. Jene beiden, die Mütter sind, sollen das Leben der Martha führen, und die beiden Söhne sollen das Leben der Maria führen (vgl. Lk 10,38–42); und sie sollen ein umzäuntes Stück Land haben, in dem ein jeder seine Zelle habe, in der er bete und schlafe [...] und sie können sprechen und zu ihren Müttern gehen. [...] Jene Brüder, die Mütter sind, seien bestrebt, von jedermann fernzubleiben; und dem Gehorsam gegen ihren Minister entsprechend sollen sie ihre Söhne vor jedermann behüten, damit niemand mit ihnen sprechen kann. Und die Söhne selbst dürfen mit niemandem reden außer mit ihren Müttern und mit ihrem Minister und Kustos, wenn er sie nach Belieben aufsucht mit dem Segen Gottes des Herrn. Die Söhne aber sollen bisweilen das Amt der Mütter übernehmen, wie es ihnen gut scheint.“ (RegEins 1–2.4.8–10.)

Hier ist ausführlich von der Mutterrolle die Rede. Der Mutter fällt hier die Aufgabe zu, einen Lebensrahmen und den Lebensunterhalt bereitzustellen. Sie soll nicht nur das umzäunte Land vor Neugierigen und Eindringlingen schützen, sondern die Söhne in allen Belangen behüten.

Provozierend wird diese mütterliche Art, wenn sie konsequent gelebt wird für alle üblichen, d. h. herrschenden, patriarchalischen Denkstrukturen, auch für Lebensbereiche, in denen der Mensch in seinem Werdeprozeß nicht ernstgenommen wird. Das beste Beispiel hierfür ist wohl der Brief des Franziskus an einen Minister. Dieser Minister (Obere) wurde offensichtlich von den Brüdern und anderen so in Anspruch genommen, daß er sich überfordert fühlt und ihm nicht die Zeit zur Abgeschiedenheit in einer Einsiedelei bleibt. Offensichtlich setzten sie ihm auch sonst zu. Franziskus schreibt:

„So gut ich kann, sage ich zum Anliegen deiner Seele, alles, was dich hindert, Gott den Herrn zu lieben, und wer immer dir Schwierigkeiten machen mag, entweder Brüder oder andere, auch wenn sie dich schlagen sollten, alles mußt du für Gnade halten. Und also sollst du verlangen und nichts anderes. [...] Und liebe jene, die dir solches antun. Und du sollst nichts anderes von ihnen verlangen, als was der Herr dir geben wird. Und darin liebe sie. Und du sollst nicht verlangen, sie möchten bessere Christen sein. Und dies soll dir mehr sein als eine Einsiedelei. Und darin will ich erkennen, ob du den Herrn und mich, deinen und seinen Knecht, liebst, wenn du folgendes tust, nämlich: Es darf keinen Bruder auf der Welt geben, mag er auch gesündigt haben, soviel er nur sündigen konnte, der deine Augen gesehen hat und dann von dir fortgehen mußte ohne dein Erbarmen, wenn er Erbarmen will. Und würde er danach auch noch tausendmal vor deinen Augen sündigen, liebe ihn mehr als mich, damit du ihn zum Herrn ziehst. Und mit solchen habe immer Erbarmen. [...] Und alle Brüder, die wissen, daß er gesündigt hat, dürfen ihn nicht beschämen, noch herabsetzen; sie sollen vielmehr großes Erbarmen mit ihm haben und die Sünde ihres Bruders ganz geheim halten." (BrMin 2–16.)

Welche Impulse gibt Franziskus hier für die mütterliche Haltung?

Der entscheidende Hinweis ist wohl: „Und liebe jene, die dir solches antun. Liebe ihn mehr als mich" – Damit ist das Wesentliche gesagt: Liebe! Auf dieser Grundlage stehen die anderen Forderungen: Selbst wenn sie dich schlagen sollten, schlag nicht zurück! Verlang auch nicht, sie möchten bessere Christen sein! Laß keinen weggehen ohne dein Erbarmen, auch wenn er der größte Sünder ist.

Übe keinen Druck aus! Treibe niemanden in die Enge!

Diese Art mütterlichen Umgangs und mütterlicher Führung kann nur aus einem tiefen Glauben heraus vollzogen werden. Nur wer an den guten göttlichen Kern in jedem Menschen glaubt und wer davon überzeugt ist, daß Gott die eigentliche Führung hat, daß er väterlich und mütterlich zugleich vorgeht, kann zu jener Freiheit und Großzügigkeit kommen, die Franziskus an den Tag legt. Andernfalls wird er immer versuchen, die Dinge doch in der Hand zu behalten, wird drängen, drehen und wenden, nachhelfen und Druck ausüben.

In diesem mütterlichen Umgang liegt eine große Kraft. Sie kann das Böse beim Mitmenschen ertragen und verbietet sich auch den Zwang zum Guten. Solch mütterliche Art, die liebt und freien Raum gewährt, ist geduldig, läßt wachsen und übt Diskretion, sie ermutigt und führt zur Geborgenheit.

Was Franziskus an sich selber erfahren hat, das überträgt er auf seine Brüder. Gott erweist sich als lebendiger Gott für jeden einzelnen Bruder. Deswegen darf keiner in ein Schema gepreßt oder vergewaltigt werden. Es darf auch keinem eine bestimmte Weise des geistlichen Lebens aufgezwungen werden, sonst würde der Befehlende sich in das Geschehen zwischen Gott und den einzelnen einmischen, er würde die Führung Gottes stören. Deswegen sagt Franziskus: „Auf welche Weise es dir auch immer besser erscheint, Gott, dem Herrn zu gefallen, [...] so tu es mit dem Segen Gottes, des Herrn“ (Leo).

Nicht der Mensch, auch nicht die begleitende Person legt den Weg fest, sondern Gott. Sache des Menschen ist es zu helfen, daß dieser Weg gefunden und gegangen wird.

3. *Menschsein und Menschwerdung in der Begegnung mit dem Ausgegrenzten*

Die menschlichen Erfahrungen mit ausgegrenzten Menschen machen Franziskus zum Hörenden und Sehenden, zum religiösen Menschen. Jesus am Kreuz in seiner angenagelten, verhöhnten und ohnmächtigen Verbrecherrolle, abgeschrieben als Mensch und Heiland, wird für Franziskus identisch mit der Armut. In allen Schriften des franziskanischen Ursprungs ist die Rede von der Nachfolge Jesu immer umschrieben mit „seinen Spuren und seiner Armut folgen“. Das Neue des Franziskus ist nicht der Versuch, das Evangelium radikal zu leben. Das haben viele vor ihm und neben ihm versucht. Franziskus will das Leben Jesu wiederholen und vergegenwärtigen. Er ist angetan und betroffen vom Weg Gottes, der in seiner Menschwerdung der Armut des Menschen Ansehen gab und dem Menschen aller Zeit deutlich machte, wie sehr Gott uns Menschen liebt, und zwar jeden. Franziskus will, daß Menschen sich mit Christus in seiner Menschlichkeit identifizieren können. Das Leben wird zur Übereinstimmung mit dem Weg, den Jesus gegangen ist und seinen Jüngern gezeigt hat.

Franziskus steht überrascht vor dem Geheimnis der Inkarnation, verstanden als *Kenosis,* Demütigung und Identifikation Gottes mit dem Allerniedrigsten. Von den Elenden und von der Gegenwart Gottes in ihnen her denkend, spürt Franziskus deutlich, daß hier der eigentliche und geheime Mittelpunkt des Christentums ist. Was ihn „trunken“ macht „von Liebe und Erbarmen zu Christus“, ist die Tatsache, daß Gott in ihm unser Bruder, und zwar unser armer und demütiger Bruder, wurde: „O, wie ist es heilig, in einem schönen und bewundernswerten Bräutigam einen Tröster zu besitzen! O, einen so heiligen und so lieben, wohlgefälligen, demütigen, Frieden stiftenden, süßen und liebevollen und über alles zu ersehnenden solchen Bruder und Sohn zu haben, der sein Leben für seine Schafe hingegeben (vgl. Joh 10,15) und für uns zum Vater gebetet hat.“ (2 BrGl 55–56.) Man spürt, wieviel Zärtlichkeit und Herzlichkeit die benutzten Eigenschaftswörter ausstrahlen.

Die persönliche Erfahrung des Franziskus besteht darin, daß er Gott in der Demut der Inkarnation begegnet. Gott fühlt sich leidenschaftlich in die menschliche Natur hineingezogen. Wenn Franziskus vom menschgewordenen Gott spricht, dann spricht er vom Jesuskind, das weint, gestillt wird und lächelt. Dann stellt er sich Jesus konkret auf den staubigen Straßen Palästinas vor, seine Auseinandersetzungen mit den Pharisäern, sein Zusammenleben mit den Aposteln, seinen Hunger und Durst, seine Liebe zu Marta, Maria und Lazarus, seine Angst im Garten Getsemani und seine Verzweiflung am Kreuz.

Franziskus begegnet den Menschen und sieht sie. Er steht zu den Aussätzigen und berührt sie. Er erfährt in diesem Weg zum Menschen einen Weg, den Gott in Jesus gelegt und bezeugt hat.

Der Armut Ansehen geben hat zutiefst mit Menschsein und Menschwerdung zu tun. Es hat seinen Grund in der Geschöpflichkeit und seine Verpflichtung in der Wertschätzung des eigenen Ichs wie des vom einzelnen verschiedenen Du.

4. Menschwerdung als Aufgabe für Menschsein heute

An Franziskus und dem, was er gelebt und seinen Brüdern aufgezeigt hat, wird deutlich: Es ist ein wesentlich menschliches Merkmal, dem Leben, das dem Menschen geschenkt ist, Raum zu geben, den Lebensraum für andere zu ermöglichen, Leben zu empfangen und zu teilen sowie achtsam dem Kleinen zu begegnen und verantwortlich seinen Teil beizutragen. Die Zeit und Gegenwart heute hat es oft sehr nötig, sich damit auseinanderzusetzen.

Erinnert sei in diesem Zusammenhang an die Überforderung des Menschen durch überhöhte Leistung, durch Anspruchsdenken und Erfolgsdruck.

Die Gefahr der Gentechnologie und der Dämon der Machbarkeit machen vielen Angst, daß es in unmittelbarer Zeit Doppelgänger und einheitliche Menschen geben mag. Doch Menschsein ist und bleibt einmalig.

Die Auseinandersetzung um das ungeborene Leben in jüngster Zeit, die Problematik der vielen alten Menschen in der westeuropäischen Gesellschaft, die Behinderten und die todkranken Menschen aufgrund von Infektionen, von Krebs und anderen Krankheiten – sie alle sind oftmals abgeschoben, weil sie nicht mehr mit dem Lauf der Zeit mithalten können, weil sie nicht effizient und produktiv, jung und dynamisch sind.

Die „Mutter Erde“, wie Franziskus die Schöpfung Gottes nennt, erfährt Ausbeutung und einen unverantwortlichen Umgang mit der Natur: Ressourcen werden geplündert, Katastrophen entstehen aufgrund menschlichen Fehlverhaltens – und diejenigen, die nun geboren werden: Was ist mit ihrer Zukunft?

Das Profitgehabe der Wirtschaft und die große Verschuldung der armen Länder – wohin führt das?

Diese Fragen und nur sehr kurz angerissenen Punkte machen deutlich, daß Mütterlichkeit weit mehr ist als Gefühlsduselei, weit mehr als eine Haltung, die sich in einer Zweierbeziehung erschöpft – sie ist ein notwendiges Sich-Öffnen und das Tragen von einer umfassenden Verantwortung, so daß Menschsein und Menschwerdung in allen Bereichen ermöglicht werden. Franziskus hat in seiner Zeit diese Form der Mütterlichkeit als umfassende Verantwortung gelebt.

Fünfte Grundhaltung: Zärtlicher Umgang

1. Gottes Zärtlichkeit

Franziskanisch leben heißt ganzheitlich und praxisbezogen leben. Mehr und mehr kennzeichnet die gegenwärtige Zeit neben dem Leistungsdruck und der Anonymität die Suche nach Beziehungen und nach Geborgenheit. Bei Franziskus ist abzulesen, daß die christliche Religion eine Religion der Beziehung ist:

- die Beziehung zu Gott, dem Gott der Krippe und des Kreuzes, dem Gott der Demut und des Weges,
- die Beziehung zu den Menschen, den Ausgeschlossenen wie den Mächtigen, den Armen und denen, mit denen wir leben,
- die Beziehung zur Umwelt in allen Geschöpfen,
- die Beziehung zu sich selbst.

Die Kunst, zärtlich mit Menschen, mit der Natur und mit den Dingen umzugehen wird neu entdeckt und ausgeübt. Mit Weichlichkeit, Sentimentalität oder erotisch-sexueller Spielerei darf zärtliches Verhalten nicht verwechselt werden. Franziskus zeigt einen zärtlichen Lebensstil, der alle Bereiche menschlicher Wirklichkeit einschließt. Grundlage seines zärtlichen Lebenstils ist für Franziskus das Liebeshandeln Gottes an jedem einzelnen Menschen. Das Evangelium ist für ihn Richtschnur seines Denkens, Fühlens und Handelns, die Botschaft von Gottes Liebe.

Gott ist den Menschen liebevoll zugetan. Immer wieder spricht die Bibel vom barmherzigen Gott, der sich erbarmt, d.h. in Übersetzung aus dem Hebräischen „der im Mutterschoß zärtlich mitempfindet". Diese Sicht Gottes als Mutter steht in Num 11,11–13. Dort fragt Mose Gott: „Habe ich denn dieses Volk in meinem Schoß getragen, oder habe ich es geboren, daß du zu mir sagen kannst: Nimm es auf deine Arme wie der Wärter den Säugling und trag es in das Land, das ich seinen Vätern zugesichert habe." Mose will sagen: „Du Gott bist hier zuständig". Ähnlich klingt es bei Hosea 11,4: „Mit menschlichen Fesseln zog ich dich an mich. Ich war zu ihnen wie Eltern, die den Säugling an die Wange heben."

Besonders eindrucksvoll zeigt das alttestamentliche Hohelied, wie sinnenhaft und zärtlich sich menschliche und göttliche Liebe auswirken. Für uns Christen offenbart sich die Zärtlichkeit Gottes unüberbietbar in Jesus Christus. In ihm ist die Charis, die Anmut, die Güte, die Zärtlichkeit unseres Gottes erschienen (vgl. Tit 3,4). Herzlich und ohne Berührungsängste geht Jesus mit den Menschen um. Er nimmt die Kinder unbefangen in die Arme (Lk 9,47), legt den Kranken die Hände auf und schenkt vielen zärtliche Aufmerksamkeit (vgl. z. B. Mk 10,21; Lk 19,1–6). Gegenüber dem distanzierten Gastgeber verteidigt er die Zärtlichkeiten der Sünderin (Lk 7,44 ff.). Jesus läßt sich von Frauen berühren (Mk 5,25–34) und salben (Joh 12,1–8), muß aber im Judaskuß auch die tödliche Macht verlogener Zeichen erleiden (Lk 22,47 ff.). Seine Nähe wird zum Zeichen der befreienden Nähe Gottes. Jesu wohlwollende Zuwendung entwaffnet, versöhnt mit sich selbst und den anderen, schenkt Schalom, vermittelt Kraft zu einem neuen Anfang. Darum „steckt im Neuen Testament eine Theologie der Zärtlichkeit, die immer heilt“ (H. Böll), die Leben in Fülle erahnen läßt.

2. *Zärtlichkeit und Beziehung*

Zärtlichkeit hat etwas mit dem Menschen und dem Miteinander zu tun und wird bei Franziskus wie bei Klara lebendig und ablesbar.

Die Zärtlichkeit des Franziskus zeigt sich vor allem in den menschlichen Beziehungen. Sich selbst läßt er mit „Fratello“ – „kleiner lieber Bruder“ anreden (Chronik des Bruder Jordan). Celano schreibt „Eins sollten sein die Älteren mit den Jüngeren; durch brüderliche Herzlichkeit sollten die Weisen verknüpft sein mit den Einfältigen, die Anwesenden mit den Abwesenden verbunden sein durch das Band der Liebe.“ (2 Cel 191.) Die Biographen beschreiben in immer neuen Worten den zärtlichen Umgang, die Fürsorge und Liebe des Franziskus:

> „Wie schön, wie strahlend, wie herrlich erschien er in der Unschuld seines Lebens, in der Einfalt seiner Worte, in der Reinheit seines Herzens, in der Liebe Gottes, in der brüderlichen Liebe, in dem verzehrenden Gehorsam, in der einträchtigen Fügsamkeit, in seinem engelgleichen Antlitz! Liebenswürdig im Umgang, von Natur sanft, freundlich im Reden, taktvoll im Ermahnen, getreu

im Anvertrauten, vorsichtig im Ratgeben, energisch im Handeln, gefällig in allem." (1 Cel 83.)

Mit ganz besonderer Zärtlichkeit und Fürsorge wendet Franziskus sich den Armen und Aussätzigen zu. Die Biographien stimmen darin überein, daß er sich zuerst zu den Armen und Gekreuzigten bekehrte und von ihnen aus zum armen Christus, zum Gekreuzigten. Nach seiner Bekehrung bilden die Armen und der arme Christus für ihn eine einzige Leidenschaft. So „zerfloß Franziszi Herz gegen die Armen, und denen er nicht eine offene Hand bieten konnte, brachte er innige Teilnahme entgegen". (2 Cel 83.)

Seine Zärtlichkeit und Sorge gegenüber den Armen ist so groß, daß er nicht einmal gestattet, Böses von ihnen zu denken. Bemerkenswert ist zum Beispiel, wie Franziskus einen Bruder zurechtweist, der über einen Armen abfällig redete (vgl. 2 Cel 85.).

Diese Haltung der Zärtlichkeit und der Liebe über das Prinzip der Lust hinaus ist die Quelle, die die Wahrheit der menschlichen Beziehungen speist. Der Mensch lebt nicht nur von dem Brot, dessen er zum Überleben bedarf. Er will menschlich leben, und er braucht dazu die Ermutigung und die Erfahrung. Franziskus ist ein Meister darin, wenn es darum geht, dem anderen zu zeigen, daß er geachtet und gewollt, angenommen und geliebt ist; sei es der Aussätzige oder der Mitbruder, der Sultan oder der Räuber.

Er wendet sich ihnen mit Liebe und Zärtlichkeit zu und bindet sie so in menschliches Zusammenleben ein.

Zärtlich sein bedeutet für Franziskus auch, gegenüber den Brüdern aufmerksam zu sein und sie vor allem auch in ihrer Unterschiedlichkeit und Eigenständigkeit ernst zu nehmen und anzunehmen. Ein jeder ist so, wie er ist, Geschöpf Gottes und bringt sich so in die Gemeinschaft ein. In seiner Art gestaltet er sie mit oder fordert sie sogar heraus. So läßt sich in der ersten Generation der Brüder eine höchst merkwürdige und breite Palette von Brüdern finden – und erst deren Unterschiedlichkeit macht die Gemeinschaft zu dem, was sie ist: Da gibt es den stillen, loyalen und vertrauenswürdigen Bernard von Quintavalle; den erfolgreichen Anwalt Peter; Sylvester, einen guten, aber auch besitzbewahrenden Pfarrer; einen gesunden und bodenständigen Bauer Ägidius; Rufinus, einen einfühlsamen, kultivierten und schüchternen Sohn eines Adeligen; den ambitionierten und talentierten Elias von Cortona; den ruhmsüchtigen und vom Rittertum träumenden Angelo Tancredi; den höflichen, gutmütigen und äußerst loyalen Leo; den unerschütterlichen, stattlichen und herzlichen Masseo, einen gesprächigen und überzeugenden Minderer.[15] Franziskus liebt jeden einzelnen von ihnen; jeder von ihnen ist einzigartig, jeder von ihnen eine „göttliche Idee".

Klara ist dieser empfindsame und einfühlende Umgang ebenso wichtig, so daß sie ihn im Testament festhält:

> „Ich mahne aber inständig im Herrn Jesus Christus alle meine Schwestern, die gegenwärtigen und kommenden, sich immer zu bemühen, den Weg heiliger Einfalt, Demut und Armut nachzugehen, wie auch einen ehrbaren und heiligen Wandel zu führen; so nämlich wurden wir seit dem Anfang unserer Bekehrung zu Christus von unserem seligen Vater Franziskus belehrt. Darum sollen die Schwestern nicht durch unsere Verdienste, sondern einzig durch die Barmherzigkeit und Gnade des freigiebigen Spenders, welcher der Vater der Erbarmungen ist, sowohl jenen, die fern, als auch denen, die nahe sind, stets den Geruch eines guten Rufes verbreiten. Und liebet einander mit der Liebe Christi und zeiget die Liebe, die ihr im Herzen habt, auch nach außen durch die Werke, damit die Schwestern, durch dieses Beispiel aufgefordert, stets in der Liebe Gottes wachsen und einander immer mehr lieben." (KlTest 17–18.)

Und jene, die Vorsteherin ist, mahnt sie: „Sie soll auch rücksichtsvoll und fürsorglich ihren Schwestern gegenüber sein wie eine gute Mutter gegen ihre Töchter; besonders aber soll sie sich bemühen, sie nach dem Bedürfnis einer jeden mit den Gaben zu versorgen, die der Herr geben wird. Sie soll auch so gütig und umgänglich sein, daß sie ihr sorglos ihre Nöte offenbaren und zu jeder Stunde sich vertrauensvoll an sie wenden können, wie es ihnen förderlich scheint, sowohl für sich persönlich als auch für ihre Mitschwestern." (KlTest 19.)

Im Umgang mit sich selbst empfiehlt Klara die gleiche Form der

---

[15] Vgl. Artikel von Hug, 64–66.

zärtlichen Aufmerksamkeit. „Seid Liebhaberinnen eurer Seele" fordert sie.[16] Das ist ein klares Vermächtnis aus einer tiefen Gotteserfahrung. Es ist mehr als eine Ermahnung zu Gebet und Lobpreis. Das ist ein tief inneres, ganzheitliches Empfinden für einen liebenden Gott und ein Antwortgeben mit allen Sinnen. Liebhaberinnen sind aufmerksam und erfinderisch. Sie sind empfänglich und schenken (nicht nur äußerlich).

Liebhaberinnen der eigenen Seele meint: den innersten Kern des menschlichen ICH's aufspüren, bejahen und darin Gott begegnen; um ein Du wissen, dem der Mensch mit ganzer Liebe und Hingabe begegnen will. So ganz sich bejahend, will Klara Gott begegnen, und sie empfiehlt diese Grundhaltung auch ihren Schwestern.

Klara nimmt andere mit hinein in dieses Geheimnis. Ihren persönlichen spirituellen Weg macht sie anderen zugänglich. Franziskus weiß darum und schickt Bruder Masseo zu ihr, um einen Rat für seinen Auftrag zu erhalten. Der Papst weiß um ihre Gottesnähe und besucht sie. Die Sarazenen erfahren ihre eigene Grenze in der Begegnung mit ihr.

Liebhaberin der eigenen Seele sein – dazu verwendet Klara Worte voll Innigkeit und Intimität, Zärtlichkeit und Kraft.

Ihr eigener Weg, ihre Erfahrung mit ihrem Glauben an den liebenden Gott bedeuten Reflexion und Aussetzung, Umwandlung und Umformung, aber auch „Entrümpelung" von allem, was das Herz besetzen will. An Agnes von Prag schreibt sie:

> „In diesen Spiegel schaue täglich, o Königin, Braut Jesu Christi, und betrachte dauernd in ihm Dein Antlitz, auf daß Du Dich so gänzlich innerlich und äußerlich schmückest, bekleidest, mit der Mannigfaltigkeit aller Tugenden dich umgibst, mit Blumen und Gewändern […] Habe acht, sage ich, auf den Anfang dieses Spiegels, die Armut dessen, der nämlich in der Krippe liegt und in Windeln eingehüllt ist. […] Am Ende desselben Spiegels aber beschaue die unaussprechliche Liebe, mit der er am Stamme des Kreuzes leiden und an ihm durch die schimpflichste Todesart sterben wollte." (4 BrAg 2–3.)

[16] Nach einer Übersetzung des Segens der heiligen Klara für die selige Agnes von Prag von Anton Rotzetter.

Mit allen Fasern ihres Herzens gehört Klara Christus, mit aller Sinnenhaftigkeit macht sie sich fest an ihm. Sie weiß um den Wert der Seele. So kann sie sagen:

„Siehe, nun ist es klar, daß durch die Gnade Gottes, welche das Wertvollste der Geschöpfe ist, die Seele des gläubigen Menschen größer ist als der Himmel; denn die Himmel mit den übrigen Geschöpfen vermögen den Schöpfer nicht zu fassen, die gläubige Seele allein ist seine Wohnung und sein Sitz, und dies nur durch die Liebe, welche die Gottlosen entbehren." (3 BrAg 3.)

Im Blick auf Franz und Klara wird der Mensch aufgefordert, offen und aufmerksam, liebevoll und zärtlich mit sich und seiner Lebensgeschichte umzugehen und dabei nicht egoistisch und klammernd zu werden, sondern der Güte und Menschenfreundlichkeit Gottes Raum zu geben. Gottes Erbarmen wird erfahren durch Menschen, die Erbarmen suchen und schenken.

Um dieses Empfinden darf man beten, wie Franziskus vor dem Kreuz in San Damiano (GebKr); und dieses Mitleid und Einfühlen darf sehr „banal" und weltlich werden, so wie bei dem Schrei des hungernden Bruders Franziskus aufbricht und ihm ein Mahl bereitet oder wie Klara, die nachts aufsteht und ihre Schwestern zudeckt (LebKl 38.).

Konkretionen

Buße

„Getreu und klug ist der Knecht, der bei all seinen Verfehlungen nicht säumt, zu büßen innerlich durch die Reue und nach außen durch das Bekenntnis und die Genugtuung im Werk.“ (Erm 23,3.)

Für Franziskus ist die Buße der Weg der Nachfolge. Er versteht sich als Büßer in einer langen Tradition von Büßern, und er predigt die Buße. Schaut man auf seine Ermahnungen und seine Hinweise, was Buße für ihn ist, dann fällt auf, daß Franziskus sich auch in der Buße als ein durch und durch kirchlicher Mensch erweist. Oftmals, so in dem oben angeführten Zitat aus seinen Ermahnungen, ist die Buße elementar das, was im kirchlichen Sakrament der Buße und Beichte passiert: Reue nach innen als Beweggrund der Buße und das Bekenntnis im Wort sowie die Genugtuung bzw. der Vorsatz oder das Zeichen der Buße im Werk. Erstaunlich ist dabei, daß es für Franziskus weit mehr bedeutet als eine regelmäßige Beichtpraxis, vielmehr versteht er sich und sein Leben in diesen Formen. Das Bewußtsein der Sünde und des Schuldigseins führt zur Reue und zur liebenden Tat in Wort und Werk. Neben der Buße in Form der Beichte oder der Buße als die Tat, die sich aus dem Vorsatz in der Beichte ergibt, ist Buße weitaus mehr, es ist ein Prozeß des Lebens, der stete Zuwendung zu Gott und seiner Welt beinhaltet.

Auf die Exerzitien übertragen, bedeutet das: Sie sind Prozesse der Umkehr und Buße, in denen es vor allem um die elementaren Formen von Reue, Umkehr und Hinwendung geht. Exerzitien sind keine rein individuelle Heilsveranstaltung; es geht immer um den einzelnen in Beziehung zu Gott, zu seinen Mitmenschen und der Schöpfung. Darin ist keiner von uns vollkommen, sondern stets sündig und ichbezogen. Dieses gilt es, sich bewußt zu machen und Gott hinzuhalten.

Hilfen sind dabei in erster Linie die Gespräche mit der Exerzitienbegleitung und vor allem das Bußsakrament, das deutlich macht, daß nur einer uns ganz heilen kann, wenn wir uns ihm hinhalten: Gott.

> „Und wir sagen dir Dank, weil er, dein Sohn, kommen wird in der Herrlichkeit seiner Majestät, um die Verdammten, die nicht Buße getan und dich nicht erkannt haben, ins ewige Feuer zu stürzen und um allen, die dich erkannt und angebetet und dir in Buße gedient haben, zu sagen: ‚Kommt, ihr Gesegneten meines Vaters, nehmt das Reich in Besitz, das euch bereitet ist vom Anbeginn der Welt'." (NbReg 23,4.)

Es ist wichtig, in den Exerzitien die eigene Erbärmlichkeit und Abhängigkeit in den Blick zu bekommen und sich dazu zu bekennen – in Lob und Dank Gott gegenüber, nicht in „Lamentierei"; dort verwirklicht sich Reich Gottes. Je ernster der Mensch die Umkehr lebt und je umfassender er das Bußleben führt, desto mehr schenkt Gott ihm Vergebung, Gnade und Herrlichkeit. Wenn der Mensch sich nicht an Gottes Stelle setzt, sondern Gott die Vergebung und das Urteil überläßt, wenn er ihm statt dessen dankt und Loblieder singt, dann geht er den rechten Weg der Buße.

So stellt sich die Frage: Kann ich dieses 23. Kapitel der nicht bullierten Regel so zum Gebet nehmen, wie Franziskus es niedergeschrieben hat – als ein froher Büßer?

Christliches Leben ist ein Leben in Buße, ein Leben des Dienstes in Buße. Es ist ein Leben nach dem Evangelium, und dazu gehören all die Grundhaltungen, die genannt worden sind: Nachfolge, Armut, Fröhlichkeit. Buße will durch den Dienst am Leben, am Nächsten, verwirklicht werden.

Damit ist für die Exerzitien ein zweiter wichtiger Punkt bezüglich der Buße angesprochen: Exerzitien sind immer ein Innehalten und ein erneutes Ausrichten auf das Evangelium, um dieses mit dem eigenen Leben neu in Verbindung zu bringen. Wenn ein Leben nach dem Evangelium für Franziskus ein Leben in Buße bedeutet, dann sind Exerzitien immer evangelisch ausgerichtet – und das Wort Gottes genügt in diesen Tagen.

Das Wort Gottes ist dabei nicht zu verwechseln mit den Worten der Begleitung oder den gegebenen Impulsen. Das Wort Gottes ist allein das Wort der Schrift. Somit sind Exerzitien Tage, in deren Mittelpunkt intensiv die Schriftlesung steht: die konkrete Konfrontation des eigenen Lebens mit Hilfe der Worte aus dem Alten und Neuen Testament.

Die Begegnung mit dem Wort Gottes spielt im Leben des Franziskus die herausragende Rolle. „Dieser Gehorsam gegen Gott, der sich herabläßt, den Menschen anzusprechen, ist einer der fundamentalen Grundzüge eines auf Gott gerichteten Lebens, der wahren Metanoia, des Lebens in Buße.“[17]

Eine Übung, die sicherlich auch im Sinne von Franziskus und Klara ist, liegt in der lectio divina, in dem betenden Lesen der heilige Schrift. Die lectio divina spielt vor allem in der monastischen Tradition eine große Rolle und kann heute ein Modell sein, die Schrift im eigenen Leben wieder lebendig werden zu lassen. Für Franziskus ist sie keine Methode gewesen, sondern eine Lebensweise, ein Atmen der Schrift im Alltag und in allem, was er tut. Die Lectio meint nichts anderes als „die schlichte geistliche Lesung, das erwägende und verkostende Einsinkenlassen des Schriftwortes“.[18] Das Verkosten des Wortes Gottes, indem ich es lese, auf mich wirken und es betrachtend nachklingen lasse, nicht indem ich es diskutiere oder mich frage, was das für mein Leben bedeutet, sondern: lesen und in der Stille verkosten, es im Herzen erwägen und daraus leben – das meint die lectio divina. Es beginnt nach der Lesung z. B. mit der ruminatio, dem Wiederkäuen, einzelner Verse oder Worte, um sie so zu verinnerlichen und sie zu Begleitern durch den Tag werden zu lassen.

„Je mehr ich mich dem Wort mit meiner ganzen Existenz und meinem täglichen Leben stelle, desto lebendiger wird die Begegnung sein. Im Gebet werfe ich dann mich selbst mit meinem Leben sozusagen ganz und gar auf Gott. So kann das Wort in mich eindringen und Gottes Geist kann mich verwandeln und wird mich

[17] Esser, 77.

[18] Jungmann, J., Christliches Beten in Wandel und Bestand, Freiburg, Basel, Wien 1991, 61.

vielleicht in der Kontemplation seine wirkende Gegenwart spüren lassen."[19]

Franziskus lebte ganz und gar aus der Schrift; sie war ihm Ratgeber, sie war ihm Stütze und Hilfe.

Was bedeutet mir die Heilige Schrift? Wie lebe ich sie? Wie gebe ich dieses Leben an andere weiter? Bin ich ein Mensch der Schrift? Atme ich aus der Schrift heraus?

Das Stichwort von der „frohen Buße" schließlich darf nicht unerwähnt bleiben und bildet für Exerzitienprozesse sowie für die Leitung und Begleitung von Ordensgemeinschaften eine nicht zu unterschätzende Rolle.

Frohe Buße im Blick auf Gott im Alltag heißt: bereit sein zu vertieftem Glauben, mir Zeit für Gott und mich selbst nehmen, innehalten und immer wieder Momente der Unterbrechung schaffen. Nur wer seinen Alltag unterbrechen kann, der kann aus den Quellen schöpfen, ohne irgendwann einmal spüren zu müssen, daß sogar die Schubladen entleert sind und es keinen Vorrat mehr gibt. Unterbrechungen im Alltag sind z.B. Exerzitien, sind aber auch ganz kleine Momente im Alltag selbst, die diesen in einem anderen Licht erscheinen lassen.

Etwas, was zweifelsohne eine wichtige Rolle im Leben des heiligen Franziskus und der heiligen Klara gespielt hat, mögen Psalmverse, mögen kurze Gebetsworte gewesen sein, derer sie sich im Alltag erinnerten, die ihren Alltag auf Gott hin ausrichten ließen und sie immer wieder auch umkehren ließen. Die Weise des Stoßgebetes, der kurzen Gebetsseufzer und der Schriftworte im Alltag – auch das ist eine gute Übung der Unterbrechung und der Umkehr, die nicht schwer einzuüben ist.

Exerzitien können mich wieder auf die Schrift stoßen, auf mir

---

[19] Friedmann, E., Die Bibel beten. Die Lectio divina heute, Münsterschwarzach 1995, 100. Dieses Buch ist sehr empfehlenswert; zum einen zeigt es sehr schön die Geschichte und die Tradition der lectio divina auf, zum anderen gibt es Anleitungen für die heutige Zeit. Alle weiterführende Literatur ist ebenfalls in diesem kleinen Buch angegeben.

wichtige Worte oder Verse, die ich dann im Alltag in Form des Wiederkäuens mit mir trage und mich ihrer erinnere.

Frohe Buße hat vor allem mit dem dritten Punkt in diesem Kapitel zu tun: mit der Aufmerksamkeit, die Umkehr bewirkt. Sie bedeutet im Blick auf Gott und den Nächsten, daß ich nicht fertig bin, daß ich mich anfragen lasse und selbst fragend bin (auch dem anderen gegenüber); es bedeutet auch, daß ich mich beschenken lassen kann und selbst schenke, sowie daß ich mich aktiv im Hier und Jetzt für das Reich Gottes und das Evangelium einsetze – mit den mir zur Verfügung stehenden Mitteln dort helfe, wo ich gebraucht werde und mich einbringen kann. Für die Exerzitien bedeutet das, daß zum Ende hin der Blick auf den Alltag und die Aufgaben gelenkt werden muß, auf das gelebte Evangelium im Alltag. Exerzitien wollen im Alltag fortgeführt werden – ganz im Sinne der Buße und Umkehr. So können Fragen zum Ende hin lauten:

Was nehme ich konkret mit? An was möchte und muß ich bleiben, mit was mich weiter beschäftigen? Welchen Schritt will Gott nun von mir getan sehen?

Nachfolge

> „Mit Recht dürfen wir darum von ihm [Franziskus] sagen: Gott schuf den Menschen nach seinem Bild und Gleichnis, nach dem Bilde der göttlichen Wesenheit und nach dem Gleichnis der menschlichen Natur Christi. Laßt uns den Herrn um die Gnade bitten, daß wir ihm nach dem Vorbild des heiligen Franziskus ähnlich und gleichförmig werden und daß wir ihn durch die Gleichförmigkeit mit ihm und auf die Fürsprache des heiligen Franziskus in seiner Herrlichkeit zu schauen verdienen. Das möge Christus uns gewähren. Amen." (Bonaventura, 3. Predigt, S. 525.)

Die Nachfolge als ein Grundmotiv im Leben des Franziskus bedeutet für den Exerzitienprozeß, daß die Beziehung zu Jesus Christus das Entscheidende ist. Exerzitiengeschehen ist ein Geschehen der Nachfolge, in welchem diese Nachfolge reflektiert und intensiviert wird. Jesus Christus ist derjenige, der den Prozeß begleitet und führt. Voraussetzung dazu ist, daß der/die zu Begleitende sich Christus stellt und das Walten des Geistes zuläßt.

Schaut man auf Ignatius von Loyola, so ist für ihn in der ersten Woche seiner vierwöchigen Exerzitien die Auseinandersetzung mit Christus zentral. Sein Leben und sein Sterben werden im ignatianischen Exerzitiengeschehen intensiv in den Blick genommen.

Ähnlich ist es im Exerzitienprozeß, der franziskanisch geprägt und orientiert ist. Franziskus jedoch überträgt die Christusbeziehung auf das zwischenmenschliche Geschehen. Wer Christus nachfolgt, bezieht den Nächsten, vor allem den Notleidenden und Entrechteten mit ein, der kann nicht an dem vorbeigehen, der um Hilfe fragt und bittet. Exerzitien in diesem Sinne haben also vor allem auch die Dimension der Geschwisterlichkeit vor Augen, wollen nicht allein in einem „Leitermodell" des Aufstiegs des einzelnen zu Gott die individuelle Gottesbeziehung betrachten. Es geht um eine eindeutige Entscheidung, die auch Ignatius mit seinen Exerzitien anstreben will, doch nicht eine Entscheidung für eine bestimmte Lebensform, als vielmehr eine Entscheidung für Christus, wie er dem einzelnen im Wort Gottes, in den Sakramenten und im Mitmenschen begegnet. Die Lebensform, ihre Gestaltung und Wahl ergeben sich konsequent daraus.

Da stellen sich natürlich Fragen, die der kleine Mann aus Assisi mit seiner Lebensweise uns heute stellt: Habe ich mich klar entschieden, eine eindeutige Wahl getroffen? Oder fällt es mir schwer, unter all den Angeboten heute mich klar und eindeutig auszusprechen? Ist meine Wahl eine Wahl für Gott und den Menschen, oder für mich?

Innerhalb eines Exerzitienprozesses, aber auch innerhalb einer Gemeinschaft, die ein Oberer zu leiten hat, ist das Zentrum die gemeinsame Nachfolge, die gemeinsame Berufung zum christlichen Weg und zum Leben durch die Taufe. Realisiert wird die Erinnerung an die Taufe innerhalb dieser gemeinsamen Wege, ob in Form der Exerzitien oder in einer Lebensgemeinschaft, vor allem in der Feier der Eucharistie und im gemeinsamen und privaten Gebet. Das ganze Leben ist Gebet, und innerhalb der Exerzitien wird dieses Geschehen noch einmal intensiviert. Franziskus versucht alle Zeichen im Alltag, die auf das Kreuzes- und Erlösungsgeschehen hinweisen, zu betrachten und zum Lobpreis an Gott zu nutzen. So empfiehlt er, jeweils vor einem Kreuz oder in einer Kirche das Gebet zu sprechen: „Wir beten Dich an ..."[20]

Sich bewußt zu machen, daß alles, was wir tun, unter dem Zeichen des Kreuzes steht, relativiert vieles und kann für einen Alltag oder auch einen Exerzitienprozeß relativierende Funktion beinhalten.

Das Kreuzesgeschehen steht im Mittelpunkt des Lebens von Franziskus und Klara – welchen Stellenwert hat es in meinem Leben? Drücke ich mich gerne daran vorbei? Muß ich Trauer, Leid und Kreuz sozusagen totreden, mundtot machen, um besser leben zu können?

Das Kreuz als das Buch des Lebens zu betrachten bedeutet für Franziskus immer wieder, sein Leben nach dem Geschehen am Kreuz, ja nach dem Geschehen, das zum Kreuz geführt hat, auszurichten: Er lebte als Minderer, um dem Minderen in seinen Fußspuren nachzufolgen.

Eine gute Übung für diesen Bezug innerhalb der Exerzitien mag die Betrachtung des Philipperhymnus sein. Oft gehört, viel gebetet, doch verinnerlicht? Ich nehme mir Zeit, lese den Hymnus Zeile für Zeile, versuche wie Franziskus mir die Szenen ganz deutlich vor Augen zu führen: Was verbinde ich mit den Zeilen? Welche biblischen Stellen, welches Handeln Jesu fällt mir dazu ein? Gibt es ähnliche Szenen in meinem Leben, in unserer Gegenwart? Was bedeutet für mich: mich kleinmachen (nicht verdemütigen), „Minder" sein, den Fußspuren Christi nachfolgen?

Aufmerksamkeit

Wie keiner sonst wird Franziskus mit Schöpfung, mit Geschöpflichkeit und mit dem Lob der Schöpfung in Verbindung gebracht: „Er-

---

[20] Vgl. DreiGrefLeg 10,37.

habenster, allmächtiger, guter Herr, dein sind der Lobpreis, die Herrlichkeit und die Ehre und jegliche Benedeiung. Dir allein, Erhabenster, gebühren sie, und kein Mensch ist würdig, dich zu nennen. Gepriesen seist du, mein Herr, mit allen deinen Geschöpfen." (Sonn 1–3.) So schreibt Franziskus diesen berühmten Gesang im Herbst 1225, als er schwerkrank daniederliegt. Im Leiden, in der Krankheit und im Schmerz lobt er Gott und hat noch die Augen offen für das Wunderbare an der Schöpfung Gottes.

Eine solche Tat, die sicher für manch einen unverständlich ist, kann er nur leisten, weil er zeit seines Lebens nichts anderes gemacht hat: die Spuren Gottes in der Schöpfung, in allem, was ihm begegnete, wahrnehmen und ernst nehmen und Gott darin lobpreisen.

So verweist der heilige Franziskus uns heute darauf, wieder das Loben zu lernen:

- das Lob für die Schöpfung, die Gott so wunderbar zusammengefügt hat, trotz aller Zerstörung und Ausbeutung durch den Menschen;
- das Lob für das eigene Leben, trotz Leid und Krankheit, trotz Arbeitslosigkeit oder gescheiterter Beziehungen;
- das Lob für mich selbst: So wie Gott mich geschaffen hat – und so wie ich bin, ist es gut; er wollte mich so, wie ich bin, nicht anders – auch wenn ich es mir manchmal wünschte –, dafür gilt es ihn zu loben und ihm zu danken;
- das Lob also auch für die eigenen Schwächen und Fallen, für die eigenen Unvollkommenheiten;

denn Gott begegnet uns überall dort. Er begegnet mir tief in meinem Inneren, wenn ich dafür wach bin, wenn ich es zulassen kann, wenn ich in der Einsamkeit und Stille sagen kann: „Ja, Herr, es ist gut so; danke, daß Du mich so wunderbar erschaffen hast." Und mag mein Herz mich auch verurteilen, Gott ist viel größer als mein Herz, und er weiß alles (Vgl. 1 Joh 3,20).

Gott hat jeden einzelnen nicht nur mit Schwächen und Dunkelheiten ausgestattet, im Gegenteil, Stärken und Fähigkeiten zeichnen uns aus; auch diese gilt es aufmerksam und dankbar zu betrachten. Oftmals werden gerade die Schwächen zu Stärken (vgl. 2 Kor 12,10).

Zur Aufmerksamkeit und Schulung dieser Grundhaltung geistlichen Lebens sei folgende Übung innerhalb eines Exerzitienprozesses oder auch zur persönlichen Umsetzung empfohlen: sich der liebenden Aufmerksamkeit Gottes aussetzen, so wie Franziskus es immer wieder getan hat – in einer Kapelle vor dem Kreuz, in der Natur (vielleicht auch in der Nähe eines Kreuzes, die Franziskus immer wieder selbst gesucht hat) oder an einem stillen Ort, um sich mit dem Atem das Ja Gottes zusagen zu lassen und es sich selbst zuzusprechen. Erst wenn ich Ja zu mir selbst sagen kann, ganz aufmerksam in mich und meine Dunkelheiten hineinhorche, gelingt es mir, zum anderen und zur Schöpfung, eben zu allem, was mir begegnet und widerfährt, Ja zu sagen, nicht schicksalsergeben, sondern liebend.

Und Gott hat mir einen Namen gegeben, einen unverwechselbaren Namen. Er ruft mich bei diesem Namen. Jes 43,1–7 drückt das sehr deutlich aus. Mit jedem Ein- und Ausatmen sich das Ja zusagen – und zum Abschluß die Schriftstelle aus Jesaja meditieren, auch das ist eine mögliche Übung.

Die Erkenntnis, daß Gott uns umfängt, daß er da ist und meine Aufmerksamkeit will, vermag die eigene Abhängigkeit von Gott ins Bewußtsein zu rufen; keine Hörigkeit im negativen Sinne, aber eine Zugehörigkeit, eine Gelassenheit, die sich in dem Wissen auszeichnet, daß ich letztlich aus mir heraus nichts kann, sondern Gott es ist, der durch mich wirkt. Gelassenheit und Demut gehen Hand in Hand. Sie sind Resultate einer liebenden Aufmerksamkeit der Schöpfung gegenüber.

Ein Aspekt, der nicht zu kurz kommen darf in der Betrachtung der Aufmerksamkeit, der Geschöpflichkeit und der Demut, ist die Erinnerung. Ohne Erinnerung ist der Mensch verloren, ohne Erinnerung findet er sich nicht zurecht in der Welt. Sie ist Lebenselexier und gehört elementar zum geistlichen Leben. Nicht umsonst hat Franziskus immer wieder das bereits erwähnte Gebet selbst gebetet und seinen Brüdern mit auf den Weg gegeben: „Wir beten dich an, Herr Jesus Christus.“ – Ein Gebet, in welchem sich der Glaube an die Erlösung im Kreuzesgeschehen mischt mit der eigenen Erfahrung und Erinnerung, daß genau dieser Gott, der für die Menschen am Kreuz gestorben ist, Franziskus in seine Nachfolge berufen hat. Dessen will sich Franziskus immer wieder erinnern.

Höhepunkt des „Erinnerungslebens" des heiligen Franziskus ist seine eucharistische Frömmigkeit. Nirgends sonst entdeckt Franziskus derart die Liebe und das Heilshandeln Gottes in seiner Schöpfung. Hier verdichtet sich die Liebe Gottes, im Geschehen am Altar; hier wird die Erinnerung an das unfaßbare Geschehen im Abendmahlssaal und am Kreuz in Jerusalem gegenwärtig. „Und wenn er vom Priester auf dem Altare geopfert und irgendwohin getragen wird, dann sollen alle Leute die Knie beugen und dem Herrn, dem lebendigen und wahren Gott (vgl. 1 Thess 1,9), Lob, Herrlichkeit und Ehre erweisen." (1 Kust 7.) In seinem zweiten Brief an die Kustoden ruft Franziskus ihnen geradezu ins Gedächtnis, sich immer wieder an dieses Geschehen zu erinnern und bei ihm Zuflucht zu suchen: „Ich bitte euch vor unserem Herrn und Gott, soviel ich vermag, ihr möchtet jene Briefe, die vom heiligsten Leib und Blut unseres Herrn handeln, den Bischöfen und den anderen Klerikern geben. Und ihr möget im Gedächtnis behalten, was wir euch darüber anvertraut haben." (2 Kust 4–5.)

Aus Erinnerungen lebt der Mensch. Aus Erinnerungen nährt sich sein geistliches Leben. Für einen Exerzitienprozeß und für Begleitungsgeschehen jedweder Art stellen sich Fragen für den Begleiter und die zu Begleitenden:

Was sind die Erinnerungen meines Lebens, die für mich lebenswichtig sind?
Aus welchen Erinnerungen lebe ich? Gehören auch die schlechten dazu?
Wie ist mir die Eucharistie, die Erinnerung und Gegenwärtigsetzung des Todes und der Auferstehung Jesu am Kreuz gegenwärtig?
Trägt sie mein Leben, mein Handeln, meine Menschwerdung?
Ich setze mich vor das Allerheiligste und lasse Erinnerungen kommen und gehen.

Ein letzter Blick scheint uns noch wichtig zu sein. Franziskus ging seinen Weg zunächst allein, doch schon bald haben sich Brüder und

Gefährten um ihn gesammelt und sich mit ihm auf den Weg gemacht. „Der Herr hat mir Brüder gegeben." (Test 1.) Auch wenn ich Exerzitien allein verbringen sollte, so gilt es, den Blick für den Nächsten zu öffnen. Ich bin nicht allein auf dem Wege, ich gehe meinen Weg nicht allein, bin abhängig von anderen, für die ich wiederum wichtig bin.

Begegnung mit dem anderen, das erfordert eine unerhörte und sensible Aufmerksamkeit. Manchmal muß ich hinter die gesprochenen Worte lauschen, um den eigentlichen Sinn des Gesagten zu hören.

Exerzitien in einer franziskanischen Perspektive dienen dazu, sich für den anderen, nicht nur für den Herrn, zu bereiten, um die notwendige Aufmerksamkeit zu bitten, dem anderen angemessen begegnen zu können, und wie Franziskus den anderen um seiner selbst willen ernst zu nehmen. Denn in ihm begegnet mir Gott.

Von welchen Menschen fühle ich mich getragen? Welche sind mir wahre Gefährten, ohne die ich meinen Weg nicht gehen könnte?

Die Erinnerung an Menschen am Wege – welche sind wichtig, welche habe ich vergessen, wem möchte ich ausdrücklich danken, wer hat mir von der liebenden Aufmerksamkeit Gottes in meinem Leben erzählt durch sein Dasein?

Was bedeutet mir ein Leben in Gemeinschaft?

Eine kleine Übung: Den Buchstaben des ABC kann ich Menschen und die Erinnerungen an sie in ihrer Bedeutung für mein Leben zuordnen.

Menschsein

Wenn Menschsein und Menschwerden zu uns gehören, dann bedarf das auch im Exerzitienprozeß und im geistlichen Leben einer großen Aufmerksamkeit und Wahrhaftigkeit – für die Begleitung wie für die zu Begleitenden. Franziskus und Klara haben ihr Menschsein intensiv gelebt und in seinen Tiefen buchstäblich ausgekostet. Für die Menschwerdung des eigenen Lebens und für das der anderen darf kein Bereich des Menschseins ausgeschlossen bleiben, ob in der Vergangenheit, Gegenwart oder Zukunft, ob im Dunklen oder im Hellen, ob im Gelebten oder Ungelebten. Im Schauen auf Franziskus und Klara sind vor allem folgende Momente für den Exerzitienprozeß und für das Begleitungsgeschehen wichtig:

- das Träumen von möglichen Lebenszielen, eine Vision haben,
- spielerisch Leben einüben,
- immer wieder sich selber in den Blick nehmen und sich von anderen spiegeln lassen,
- Gott als Du, als Schöpfer und Befreier erleben und mit Jesus auf dem Weg sein,
- in der gewählten Lebensform zu einer Kultur des menschlichen Lebens finden, in der inneren Gestaltung wie im Feiern.

Franziskus blieb sich auf seinem Weg selbst treu. Wenn in den Jugendjahren der Traum vom Ritter ihn aufbrechen ließ, so war er darin nicht verbissen. Auf dem Weg zum Ziel wird er im Traum gefragt, ob es denn besser sei, dem Herrn oder dem Knecht zu dienen? Seinc eigene Antwort läßt ihn umkehren und weitersuchen. Menschen, die auf dem geistlichen Weg sind, werden immer neu das Bild Gottes in sich erahnen müssen, was nichts anderes heißt als: aufmerksam sein für die Anrufe und Zeichen, die uns auf dem Weg ansprechen, herausfordern, stolpern lassen oder ermutigen. Gott ruft jeden Menschen. Da ist die Bibel ein wichtiger Spiegel, und es tut gut, das eigene Leben immer wieder auch in Beziehung zu setzen zu den biblischen Persönlichkeiten und so auch ein Beispiel meiner persönlichen Gottesbeziehung zu entdecken.

Gottes Anruf hören, das kann auch heißen, die Fragen, die in der Bibel von Gott/Jesus an Menschen gestellt werden, an mich heranzulassen. Wenn ich hier und jetzt gefragt werde: „Was soll ich dir tun?“ „Was habe ich mit dir zu tun?“ „Liebst du mich?“ – so wird meine Menschwerdung konkret durch das Gefragtsein. Ich bin gemeint und sonst niemand – und ich muß/kann antworten, ich muß/kann meine Antwort suchen.

Franziskus hat im Weihnachtsspiel in Greccio seiner eigenen Überzeugung Raum gegeben und wurde so zum Mittler dieser großartigen Gotteserfahrung für alle, die mit ihm damals Weihnachten feierten. Da hört alle Theorie auf. Der Mensch erlebt Gott: „Es war, als sei tatsächlich im Herzen vieler Menschen Jesus neu geboren worden."

Leben wächst in Beziehung und in der Berührung. Auch da gibt es viele Beispiele bei Franziskus wie bei Klara. Franziskus hat in seinem Testament auf die Begegnung mit dem Aussätzigen hingewiesen, eine wichtige Lehrstunde seines eigenen Einschätzens und der Achtung des anderen, des Ausgegrenzten. „Der Herr hat mich unter sie geführt: ich habe an ihnen Barmherzigkeit erwiesen" (Test 2).

Franziskanische Spiritualität hat Nähe – und ein Herz. Sie ist grenzüberschreitend und unkonventionell, von Liebe geprägt und nicht von Paragraphen und Absicherungen bestimmt.

Es ist gut möglich, statt theoretisch Abhandlungen zu bedenken, ganz konkret Erlebtes kommen zu lassen:

Wo bin ich in den letzten Tagen in meinen Begegnungen mehr Mensch geworden?

Welche Bilder von Leben sind in mir, welche von „Nicht-Leben"?

Meine Begegnung mit Leben, mit Tod in der letzten Woche …

Es tut gut, diese Bilder aufsteigen zu lassen, zu bemerken, zu beachten, ernst zu nehmen ohne Bewertung. Und vielleicht gibt es dann auch ein Aha-Erleben: eine Erfahrung mit dem menschgewordenen Gott oder dem Gott, der mich und mein Menschsein ernst nimmt.

Menschwerdung hat Zeit. Meine Lebensgeschichte hat mich geprägt, und es bedarf viel Liebe und Erbarmen mit sich selbst, nicht Gelebtes zu entdecken, Unerlöstes sich selbst gegenüber einzugestehen und dem Leben eine Chance zu geben. Wenn Franziskus am Ende seines Lebens sagt: „Brüder, nun wollen wir anfangen, Gott, dem Herrn zu dienen; denn bis jetzt haben wir kaum oder wenig Fortschritte gemacht." (1 Cel 103.) – dann sind das ermutigende Worte, je neu dem Menschen in mir und dem Menschen vor und neben mir den Neuanfang zu gewähren. Es ist ein großartiges Geschenk, Geschöpf Gottes zu sein.

Gott schuf den Menschen als Mann, als Frau „und es war sehr gut" (Gen 1).

„Er schuf ihn nach seinem Bild und Gleichnis", er machte ihn wert–voll, den Mann, die Frau. Klara von Assisi sagt am Ende ihres Lebens: „Geh in Sicherheit, denn du hast ein gutes Reisegeleite. Geh hin, [...] denn der dich erschaffen hat, hat dich geheiligt. Er hat dich stets behütet wie eine Mutter ihr Kind und dich mit zärtlicher Liebe geliebt. [...] Herr, sei gepriesen, weil du mich erschaffen hast." (LebKl 46.)

Eine Übung kann diese Haltung der Dankbarkeit und der Abhängigkeit von Gott unterstützen: Ich schaue meine Lebensgeschichte und mein momentanes Menschsein an: Wofür kann ich danken?

Auch in der Freundschaft zwischen Franziskus und Klara werden diese Achtung und der tiefe Grund des Menschseins deutlich. Ihre Freundschaft ist ein Prozeß, in welchem beide auf den Lippen und dem Herzen ihres Gegenübers Gottes Willen entdecken und füreinander sichtbar machen. Beide sind füreinander Stütze und Halt auf ihrem Weg radikaler Christusnachfolge. Und doch stehen Franziskus wie Klara auch für sich in der je eigenen Antwort des gelebten Evangeliums.

So steht Klara da als Frau mit all ihren Fähigkeiten, Leben anzunehmen und Leben weiterzugeben – mit der Freiheit, sich als Geschenk Gottes zu bejahen. Klara fordert ihre Schwestern auf: „Seid stets Liebhaberinnen eurer Seele!" D. h.: „Sag ja zu dir – Gott sagt ja zu dir. Jede/jeder ist gerufen, geliebt, bejaht. Der Mensch darf sein!" Zärtlichkeit und Menschwerdung gehören zusammen.

Klara weiß, wer sie ist, und sie kann zu sich stehen: zu ihrer Sehnsucht, zu ihren Erkenntnissen, zu ihrem eigenen Willen. Sie besteht auf ihrem Recht, die Armut auf ihre Weise zu leben. Sie schreibt selbst eine Regel. Sie läßt sich nicht einschüchtern, weder von ihrer Familie und Verwandtschaft, noch von Franziskus, weder vom Kardinal noch von bösen Zungen. Papst Gregor IX. muß 1228 nach einem Versuch, sie zu überreden, Besitz anzunehmen, hören: „Heiliger Vater, auf gar keine Weise will ich in Ewigkeit von der Nachfolge Christi befreit werden."(LebKl 14.) Eindeutig und treu geht sie ihren Weg, hat einen eigenen Stand und Standort. Für Klara hat das alles mit ihrer Lebensordnung zu tun. Sie gibt Antwort auf ihr Innerstes, und sie übernimmt Verantwortung für sich, für ihre Schwestern, für die Kirche. Eigenständig sein und verbindlich leben sind Lebensworte ihres Menschseins. Und sie ist konsequent. Sie will sich Gott stellen und ihrer eigenen Zerrissenheit, mit viel Vertrauen.

Sie kämpft, bleibt dran, gibt bei Widerstand nicht auf. Klara lebt Beziehungen, deutet ihr Leben und das anderer mit Hilfe des Evangeliums, sie zeigt Linien auf.

Verbindlichkeit und Treue – sind das Worte und Wahrheiten, die in meinem Leben eine Bedeutung haben? Welche?

In der Schule der franziskanischen Vorbilder können eigene Alltagsgeschichten neu gewichtet werden. Klarheit und Eindeutigkeit sind gefordert, Schwächen und Grenzen sind ebenso zu beachten wie Stärken und Gaben. In Treue und Verbindlichkeit zum eigenen Menschsein im Blick auf Gott und seinen Willen können Loslassen und Aufbrechen eingeübt werden.

Zärtlicher Umgang

Für Franziskus ist der Rückzug in die Einsiedelei eine wichtige Quelle, um zur Klarheit zu kommen, und wenn er inmitten der Menschen ist, zieht er die Kapuze über sein Haupt, um bei sich zu sein.

Immer wieder ist es ihm wichtig, die Zärtlichkeit, mit der Gott ihn und einen jeden Menschen umgibt und berührt, lebendig werden zu lassen, aufzunehmen und sie zur Kraftquelle für die Zärtlichkeit im Umgang mit sich selbst und den anderen werden zu lassen. Um diese Zärtlichkeit auf- und annehmen zu können, bedarf es eines geschützten Raumes, eines Raumes, der die Begegnung mit dem göttlichen Du ermöglicht und zum Eintreten einlädt. Franziskus findet in seinem Alltag verschiedenste Formen und Räume:

„Zu heiliger Muße, in der er die Weisheit in sein Herz schrieb, machte er seine ganze Zeit, um keinen Verlust zu erleiden, wenn er nicht immer Fortschritte machte. Wenn Besuche von Weltleuten oder irgendwelche Geschäfte dazwischenkamen, so brach er sie lieber ab, als daß er sie beendete, um gleich wieder in sein Innerstes zurückkehren zu können. Ihm, der von himmlischer Süßigkeit kostete, war die Welt unschmackhaft, und die Wonnen, die er in Gott fand, hatten ihn für die grobschlächtigen Freuden der Menschen zu fein gemacht. Immer suchte er einen verborgenen Ort auf, wo er nicht nur mit seinem Geist, sondern auch mit allen seinen Gliedern auf Gott hingerichtet sein konnte. Wenn er plötzlich in der Öffentlichkeit ergriffen und vom Herrn heimgesucht wurde, machte er sich aus seinem Mantel eine kleine Zelle, um nicht ohne Zelle zu sein. Manchmal, wenn er keinen Mantel bei sich hatte, bedeckte er wenigstens mit dem Ärmel das Gesicht, um das verborgene Manna nicht preiszugeben. Immer wußte er etwas zwischen sich und die Umstehenden zu stellen, damit sie nicht seine Berührung mit dem Bräutigam merkten. So konnte er sogar in dem engen Raume eines Schiffes inmitten vieler Leute ungesehen beten. Wenn er schließlich gar nichts von dem tun konnte, machte er aus seinem Herzen einen Tempel." (2 Cel 94.)

Wahrnehmen ist eine geistige Angelegenheit und Voraussetzung für unser Dasein in der Gegenwart, für unser Wachsein für Gottes Dasein, für die zärtlichen Spuren Gottes in meinem Leben. Nur wer wach und wachsam ist, wer wahrnimmt und schaut, nur der entwickelt mit der Zeit eine Zärtlichkeit für die Dinge, für die Menschen, für sich selbst und auch für Gott. Diese Zärtlichkeit läßt dann das Machen wollen, die Hektik und Zeitnot in den Hintergrund rücken. Es gilt: ganz da sein, wahrnehmen, aufnehmen und zärtlich verkosten.

Es gibt eine wunderbare Übung. Gehen wir in die Natur hinaus und nehmen mit unseren Sinnen das auf, was sie uns bietet: einen Vogelruf, ein Stück Erde, einen Baum, den Wind. Wir lassen uns von der Sonne bescheinen oder spüren die eisige Kälte. Wir brauchen nichts zu erreichen. Der Leistungsdruck ist weg, wir brauchen, sollen nichts verändern oder in einen größeren Zusammenhang bringen – es ist einfach da, und es gilt anzunehmen, was ich gerade sehe oder höre.

In den Exerzitien ist es sehr hilfreich, täglich eine Stunde in der Natur zu verweilen und wahrzunehmen. Manchmal ist es gut, einen ganzen Tag in der Natur zu verbringen und sich ganz auf die Wahrnehmung einzulassen.

In den Tagen der Einkehr ist eine zärtliche Wachsamkeit ein Weg zu mir selbst und zu Gott. Wir kennen das Wahrnehmen mit Hilfe unserer Sinne. Wir können hören, sehen, schmecken, riechen, tasten und berühren. Im geistigen Sinn ist das Bewußtwerden und Innewerden die Form der Wahrnehmung.

Eine sehr schöne und eindrückliche Übung kann in diesem Zusammenhang dem Taufritus entnommen werden: die Segnung der Sinne. Worte können dabei wie folgt gesprochen werden:

„Die Augen
Ich segne dich, damit du die Dinge siehst und in die Dinge hinein und den Kern der Dinge im Namen Jesu, unseres Herrn.
Die Ohren
Ich segne dich, damit du die Worte hörst und den Sinn der Worte und in den Worten das Wort Jesu Christi, unseres Herrn.
Der Mund
Ich segne dich, damit du die Sprache des Herzens findest und Worte voll Liebe im Namen Jesu, unseres Herrn.
Die Nase
Ich segne dich, damit du das Leben atmest und die Freiheit eines Lebens in Jesus, unseres Herrn.
Die Hände
Ich segne dich, damit du die Hände öffnest zur Versöhnung und zum Frieden im Namen Jesu, unseres Herrn.
Die Füße
Ich segne dich, damit du festen Boden findest unter deinen Füßen und sicheren Schrittes gehen kannst, wohin du gehen mußt, im Namen Jesu, unseres Herrn.“[21]

---

[21] Rotzetter, A., Gott, der mich atmen läßt. Gebete des Lebens, Freiburg, Basel, Wien [4]1994, 99–101.

Die Zärtlichkeit Gottes zu mir in den Dingen und Geschöpfen, die mir begegnen – diese Zärtlichkeit anzunehmen, sie zu spüren und mich von ihr berühren zu lassen, ihr gleichzeitig auch einen Raum zu geben und sie in meinem Leben zum Blühen zu bringen, das ist das eine Moment.

Ein zweites, ebenso wichtiges Moment, das in den Exerzitien nicht übersehen werden darf, ist die Umsetzung dieser Zärtlichkeit in die Zärtlichkeit für den Nächsten. Die heilige Klara scheut sich nicht, diese Zärtlichkeit zum Nächsten in Worte zu fassen, wenn sie an Agnes von Prag schreibt:

> „Der Hälfte ihrer Seele und dem Schreine ihrer herzlichen und einzigartigen Liebe der berühmten Königin, der Braut des Lammes des ewigen Königs, der Herrin Agnes, ihrer liebsten Mutter und vor allen anderen bevorzugten Tochter entbietet Klara [...] Gruß. [...] Wundere Dich nicht, wenn ich dir nicht so häufig geschrieben habe, wie deine Seele und in gleicher Weise meine es ersehnt und von Herzen begehrt. Glaube ja nicht, daß das Feuer der Liebe zu dir weniger süß im tiefsten Herzen deiner Mutter brennt.“ (4 BrAg 1–2.)

Die Zärtlichkeit Gottes in meinem Leben wahrnehmen, annehmen und ernst nehmen bedeutet gleichzeitig die Umsetzung dieser Zärtlichkeit in der Beziehung zu dem Nächsten. Diesem gegenüber zärtlich zu sein, wie es Gott auch ist, mir und ihm gegenüber, das ist eine der Aufgaben und Konsequenzen, die sich aus der Wahrnehmung der Zärtlichkeit Gottes ergeben. Es gibt eine freie Übertragung des Segens der heiligen Klara, welche diese Dimension unseres Gottes und unserer gelebten Beziehung zu Gott, zur Schwester und zum Bruder in einer sehr zärtlichen Sprache zum Ausdruck bringt:

> „Laß uns allezeit
> Deine zärtliche Zuwendung spüren
> und durch sie mit gleicher Liebe
> unsere Schwestern und Brüder lieben.
> Liebevoll hast Du jede einzelne Seele gestaltet.
> Hilf uns, stets ihre Einmaligkeit
> zu ehren und zu achten
> und die Melodie zu hören,

die Du in ihr spielst.
Mit Sorgfalt und Eifer
wollen wir einander helfen,
unser Leben nach dieser Melodie zu entfalten.“[22]

[22] Singen, 82.

Ausdrucksweisen und Formen

Exerzitien und Einkehrtage brauchen eine klare Struktur, um den Teilnehmern eine Entlastung zu bieten und den Raum der Freiheit für Gottes Geist offenzuhalten.

„Behaltet darum nichts von euch für euch zurück, damit euch als Ganze aufnehme, der sich euch ganz hingibt!“ (BrOrd 2,29), sagt Franziskus in seinem Brief an den gesamten Orden.

Ein paar Hinweise sollen genügen, um in aller gebotenen Kürze anzudeuten, daß die äußere Gestaltung mit den Inhalten korrespondieren muß. Einige grundlegende und unverzichtbare Ausdrucksweisen geistlichen Lebens und der Exerzitien werden kurz angesprochen, bevor verschiedene Exerzitienformen dargestellt werden. Die Ausdrucksweisen sind im folgenden in ihrer Darstellung unterschiedlich gewichtet. Zur Eucharistie und zur Beschäftigung mit dem Wort Gottes z.B. findet der Leser an unterschiedlichen Stellen im Buch Hinweise und Ausführungen, so daß an dieser Stelle ein kurzer Hinweis auf Franziskus und Klara genügen soll. Dennoch erscheint es uns wichtig, auf diese oft so selbstverständlichen Grundbestandteile ausdrücklich hinzuweisen.

Ausdrucksweisen

1. Ganzheitlichkeit

Franziskus und Klara sind Menschen, die ihren Leib und ihre Körperlichkeit in ihr geistliches Leben einbeziehen. Alles ist geistliches Leben und will entsprechend gestaltet sein. Trotz dessen sie Kinder ihrer Zeit sind und sicherlich in manchen asketischen Praktiken heute sehr unverständlich erscheinen, wird an beiden deutlich, wie sehr der Glaube leibhaftige Umsetzung erfordert, wie sehr der Glaube auch mit dem Leib lebt.

Umsetzung von Körperlichkeit und Ganzheitlichkeit in einen Exerzitienprozeß kann sehr vieles bedeuten und beinhalten. Die

Palette reicht von Körperübungen über Gebetshaltungen bis zur Besinnung auf den eigenen Körper mit Fragen wie: Wie erlebe ich mich? Welches Verhältnis habe ich zu meinem Körper? Was bedeutet für mich ganzheitliches Leben?

Wichtig ist es bei all dem, immer wieder das ganze Leben in den Blick zu bekommen und Formen zu finden, die dem einzelnen oder auch der Gruppe helfen. Das Thema der Ganzheitlichkeit hat viel mit den Grundhaltungen zu tun, die wir zuvor beschrieben haben: mit Aufmerksamkeit, mit Wahrnehmung und Zärtlichkeit, mit Buße, Demut, Menschsein und Nachfolge. Franziskus und Klara versuchen ihre Nachfolge mit allen Sinnen, mit allen Kräften und aus ganzem Herzen zu leben und zu gestalten. Für Exerzitien gilt das gleiche.

Im folgenden sollen nur einige wenige wichtige Stichworte genannt werden. Es gibt sehr viele Bücher und Anleitungen zu Wahrnehmungs- und Körperübungen, zu Tanz und Gebet im geistlichen Leben.

Eine gute Form, diese Ganzheitlichkeit in den Exerzitien nicht aus dem Blick zu verlieren, stellen Symbole und Zeichen dar.

Zum Ankommen und Kennenlernen z. B. können Symbole (von zu Hause mitgebracht oder in der Natur gefunden) eine Hilfe sein. Sie können zur Mitte gelegt werden, evtl. an bestimmten Standpunkten orientiert oder zu einem Mandala zusammengestellt werden. Symbole aus der Natur bringen die Wachsamkeit und Aufmerksamkeit auf das Kleine, das Franziskus so bedeutsam war, zum Ausdruck.

Unser geistliches Leben braucht den Leib. In der Gebetshaltung, im Sitzen, im Knien, im Stehen und auch im Gehen unterstützen wir unser inneres Wollen oder geben unserem Inneren Ausdruck. Gebetsgebärden sind dabei eine wesentliche Form, wie wir Beziehung ausdrücken.

Die Bibel und die franziskanischen Quellenschriften sind Fundgruben für die persönliche und gemeinsame Auseinandersetzung und Vertiefung. Ein Gebet, eine Ermahnung, ein Teil des Testaments, Briefe ... bieten gute Anregungen, den eigenen Glauben und die persönlichen Erfahrungen damit in Verbindung zu bringen oder Umsetzungsmöglichkeiten für den Alltag und die Exerzitien zu suchen.

Das Gebet des heiligen Franzisks „Deus meus et omnia" (mein Gott und alles) kann z. B. mit einer Körperübung ausgedrückt werden:

Zu dem Wort „Deus" beide Arme nach oben ausstrecken, sich Gott gleichsam entgegenstrecken und sich füllen lassen; zu dem Wort „meus" beide Arme über der Brust kreuzen, ganz bei sich sein und zu sich stehen können, weil Gott zu mir steht; zu den Worten „et omnia" beide Hände ausbreiten, sich für die Welt und den anderen öffnen, verletzbar werden – und diese Welt wieder mit dem Wort „Deus" Gott entgegen- und hinhalten. Das Gebet kann mit dem Atem unterstützt werden.

Es gibt viele Erfahrungen mit Gebärden, sie sollten angeboten und aufgezeigt werden. Gleichzeitig sollte den Teilnehmern die Freiheit gegeben werden, sie zu übernehmen oder auch zu lassen. Sie sollen ermutigt werden, ihren Rhythmus zu finden oder ihre je eigene Form.

Morgens helfen eine Körperwahrnehmung oder andere Übungen mit dem Leib. Sie unterstützen den geistlichen Weg.

Franziskus, der in einer Zeit gelebt hat, in welcher die Leiblichkeit und Materie von bestimmten Gruppen abgespalten waren, ist Beispiel und Anregung, mit Leib und Seele vor Gott da zu sein:

> „Dein Wille geschehe, wie im Himmel so auf Erden: damit wir dich lieben aus ganzem Herzen (vgl. Lk 10,27), indem wir immer an dich denken; aus ganzer Seele, indem wir immer nach dir verlangen, aus ganzem Gemüte, indem wir all unser Streben zu dir hinlenken und deine Ehre in allem suchen, und aus allen unseren Kräften, indem wir alle unsere Kräfte und Empfindungen der Seele und des Leibes zum Gehorsam gegen deine Liebe und für nichts anderes aufbieten." (ErklVat 5.)

Stilles Sitzen und körperliche Arbeit (in Exerzitien z. B. eine Stunde täglich) bringen einen guten Ausgleich. Doch auch Sitzen will gelernt und geübt sein. Dazu muß der einzelne angeleitet werden, und ihm müssen Formen angeboten werden, wie er dieses praktizieren kann: auf einem Stuhl, auf einem Hocker oder auf einem Sitzkissen.

Zur Ganzheitlichkeit gehört auch das spielerische Umgehen mit Texten, mit Haltungen und Formen. Eine gute Möglichkeit für die Exerzitien und das Begleitungsgeschehen sind Identifikationsangebote z. B. in der Form der sogenannnten Eglifiguren oder biblischer Figuren.

Wenn Eglifiguren (handliche Figuren aus beweglichem Material) vorhanden sind, kann von jedem Teilnehmer eine Figur verwendet werden und mit der entsprechenden Haltung, die dem einzelnen in seiner momentanen Verfassung entspricht, an einen Standort plaziert werden.

In Gruppenexerzitien oder in Besinnungstagen können die einzelnen Personen danach (wenn alle Figuren stehen) etwas zu sich und den gewählten Standorten sagen. Es ist hilfreich für eine Gruppe, das gesamte Gruppenbild wahrzunehmen. Voneinander zu wissen und anzuerkennen, daß andere ganz andere Bedürfnisse, Ausgangspunkte und Bedingungen haben als ich, läßt eine Gruppe auch im Geistlichen wachsen und füreinander Wegbegleiter sein.

Wenn Eglifiguren zur Prozeßbegleitung gewählt werden, können sie für die eigene Person stehen oder eine biblische Person darstellen, die ich mir für diese Tage als Begleiter oder Herausforderer gewählt habe. Die Figuren können gleichsam als Spiegel dienen: Wie bin ich heute da, was hat sich geändert … ?

Bei der abendlichen Reflexion, die wir empfehlen als Vergewisserung, wo der/die einzelne steht und als Bündelung des Tages, bieten sie eine gute und zugleich spielerische Möglichkeit, auf den gesamten Tag zurückzugreifen und ausdruckstark einen Schlußpunkt zu setzen.

Gute Erfahrungen und tiefgreifendes, ganzheitliches Erleben werden möglich durch Bibliodrama oder einzelne Elemente aus dem Bibliodrama. Sich dem Evangelium stellen, das Wort Gottes Fleisch werden lassen, sich selbst treffen und ansprechen lassen sind in dieser Form gut möglich. Standortbestimmung und Prozeß geben Anstöße zum intensiven Dialog mit Gott.

Auch Malen, der Umgang mit Ton und das Einbeziehen von Musik gehören zum ganzheitlichen Erleben.

2. Schweigen

Franziskus sucht in seinem Leben immer wieder Orte der Stille und des Schweigens auf. Kapellen und Höhlen, Inseln und einsame Bergorte markieren seinen Lebensweg und seine Entscheidungen. Wenn Franziskus sich entscheiden will bzw. mit einer wichtigen Entscheidung ringt, dann zieht er sich an einsame Orte zurück, ganz ins Schweigen und ins Gebet. Auch hier ist für ihn Jesus maßgeblich, der sich immer wieder an einsame Orte zurückzog und das Schweigen sowie das Gebet suchte.

Bezeichnend ist für den heiligen Franziskus die Regel der Einsiedeleien, die er für solche Brüder schrieb, die sich für einen bestimmten Zeitraum an einen einsamen Ort zurückziehen wollten. Er vergleicht das Leben in den Einsiedeleien mit dem Leben der Maria und Marta aus dem Evangelium. Die Brüder, die sich in das Schweigen zurückziehen wollten (ihnen weist Franziskus die Rolle der Maria zu), werden darin unterstützt, indem andere Brüder die Sorge für das leibliche Wohl und die Abgrenzung des Lebensraumes übernehmen (die Rolle der Marta). „Jene beiden, die Mütter sind, sollen das Leben der Martha führen, und die beiden Söhne sollen das Leben der Maria führen.“ (RegEins)

Für einen bestimmten Zeitraum, um einer Entscheidung willen oder um einer Unterbrechung des normalen Alltags willen, zogen sich also immer wieder Brüder in das Schweigen zurück; jedoch nicht in ein Schweigen, das vereinzelt irgendwo eingeübt und gelebt wird, sondern inmitten einer Gemeinschaft, die sich der Sorge um die Brüder verschrieben hatte. Das Schweigen und der Rückzug dienten dem persönlichen Leben der einzelnen und dem Leben der einzelnen in der Gemeinschaft.[23]

---

[23] Vgl. hierzu: Franciscan solitude, 141 ff.

Die heilige Klara hat in ihrer Lebensform das Schweigen als Unterstützung ihrer Gottesbeziehung gepflegt. Und sie lehrt ihre Töchter „jeglichen Lärm aus der Wohnung ihres Herzens zu vertreiben, damit sie den Geheimnissen Gottes allein anzuhangen vermöchten“ (LebKl 36). Ihre Wonne ist es, bei Gott zu sein. Aus diesem Grunde entfernt sie aus ihrer Nähe jede Ursache, die ihr diese Vertrautheit hätte rauben können. „Seid Liebhaberinnen Eurer Seele“ – das ist ihr Vermächtnis für ihre Schwestern; ein Vermächtnis, das ihr selbst in einer tiefen Gotteserfahrung geschenkt worden ist. Schweigen ist für sie also weit mehr als eine Übung oder eine tägliche Zeit, die eingehalten werden muß. Schweigen ist für sie weit mehr als nur Ruhe und Stille; es ist ein Beziehungsgeschehen und zugleich Quelle ihres Lebens. Eine Haltung des Schweigens durchzieht ihren ganzen Alltag und ihr ganzes Leben. Aus dem eigenen liebenden Schweigen und der darin enthaltenen liebenden Begegnung mit Gott begegnet sie ihren Schwestern und Brüdern mit Liebe und Ehrfurcht. Mit allen Fasern ihres Herzens gehört Klara Christus, mit aller Sinnenhaftigkeit macht sie sich fest an ihm. Sie weiß um den Wert der Seele.

Schweigen ist für Exerzitien und Prozesse der Begleitung ein sehr wichtiges Element. Dazu ist es allerdings nötig, daß sowohl der Begleiter oder die Begleiterin als auch der/die zu Begleitende bereit und gewillt sind, Zeiten des Schweigens zu halten und zu pflegen, sie vielleicht sogar gemeinsam zu gestalten.

Schweigen ist etwas, was vielen Menschen heute schwerfällt und immer wieder neu eingeübt werden muß. Schweigen ist nicht einfach nur der Verzicht auf Worte und Lärm; Schweigen ist nicht nur Ruhe und Stille;[24] es ist Aufnehmen und Verkosten, Tragen und Warten, ist Wachstum und Entwicklung. Das bedeutet, daß in den Exerzitienprozessen das Schweigen als schöpferische Kraft wiederentdeckt werden kann, so wie Franziskus und Klara zeit ihres Lebens die Kraft des Schweigens gesucht und umgesetzt haben.

Schweigen vor Gott heißt in der Stille und Einsamkeit ungeteilt

---

[24] Zu einer differenzierten Unterscheidung von Ruhe, Stille und Schweigen vgl.: Kunz, 17–50.

da sein, sich nicht besetzen lassen von allem Möglichen, sondern sich Gott hinwenden, sich ihm öffnen und hinhalten. Gott zuzuhören, nicht immer nur zu ihm zu sprechen, ihn sozusagen „zu- und totreden", sondern sich ihm hinhalten und hören, zuhören, lauschen auf die leise Stimme im Säuseln des Windes – das ist Schweigen, das ist schweigendes Beten. Das will eingeübt sein, in kleinen Schritten und Übungen.

Für die Begleitung gilt es, mit der Stille und dem Schweigen verantwortlich umzugehen, denn in der Stille bzw. im Schweigen kann sich etwas entwickeln, das den zu Begleitenden zutiefst verunsichern oder herausfordern kann; im Schweigen kann Angst entstehen, im Schweigen kann dem Menschen das begegnen, was für die alten Mönchsväter in der ägyptischen Wüste die Dämonen waren: Altes und längst Verarbeitetes kann wieder buchstäblich auferstehen und den Betreffenden verfolgen.

Dessen muß sich die Begleitung bewußt sein – und auch darauf hinweisen.

Schweigen setzt viel Vertrauen voraus: zunächst und vor allem zu sich selbst. Wer dieses Vertrauen nicht hat, wird nicht hören können, wird nicht in die Stille hineinhören können, um dort die Stimme Gottes zu vernehmen, die sich in der Stille des Herzens offenbart. Schweigen setzt ebenso das Vertrauen in Gott voraus; er gestaltet diese Stille mit – und selbst wenn er abwesend ist, wenn die Stille belastet und abgrundtiefe Leere atmet, selbst dann Vertrauen zu haben und die Stille zu wagen – das bedeutet Schweigen.

Die gesamte Bandbreite menschlichen und göttlichen Schweigens kann im Schweigen in den Exerzitien zum Tragen kommen, man muß zumindest damit rechnen. Das kann Mühe und Anstrengung bedeuten, das kann den Gedanken nach Flucht nähren – doch gilt es auszuhalten: sich selbst, die belastende Stille und Gott.

Eine Übung, für jedwede Art von Gruppenbegleitung mit einem religiösen Kontext, kann eine Zeit der Stille am Tage sein, in welcher die Teilnehmer gemeinsam verbleiben. Es bieten sich die Zeiten vor den Mahlzeiten an – jeweils eine halbe Stunde, die in der Kapelle oder im Meditationsraum verbracht wird. Gut ist es, diese

Zeiten nur kurz einzuleiten, z. B. mit Satz: „Mein Gott und mein alles" – es geht darum, jetzt in dieser Zeit, sich diesem Gott auszusetzen, sich ihm zu öffnen und die Gedanken, die kommen und gehen, lassen zu können; „Mein Gott und mein alles." Ebenfalls ist ein gesetzter Endpunkt gut, z. B. mit dem einfachen „Ehre sei dem Vater und dem Sohn und dem Heiligen Geist."

Ein anderer Einstieg in eine solche Zeit ist in der Art denkbar, z. B. den folgenden Satz vorzusprechen und ihn dann von den Teilnehmern wiederholen zu lassen: „Seid still und erkennt, daß ich bin Gott"; daraufhin den Satz zu verkürzen und ihn wiederholen lassen: „Seid still und erkennt, daß ich bin;" erneut den Satz verkürzen: „Seid still und erkennt", dann „Seid still" und schließlich lediglich noch das Wort: „Seid". Diese Übung führt zu einem gemeinsamen Schweigen hin, den einzelnen zu sich selbst, aber auch zum Bewußtsein einer gemeinsamen stillen Zeit, in welcher jeder Teilnehmer bleibt, auch wenn die Orte dieses gelebten Schweigens andere sein können. Man bleibt im gemeinsamen Schweigen über die Grenzen des Raumes hinweg.

Gemeinsames Schweigen bedeutet nicht, daß jeder für sich still ist im Sinne eines vereinzelten und individualisierten Schweigens, wie es nur allzu oft auch in gemeinsamen Räumen geschieht, sondern daß man gemeinsam still ist und das Schweigen gemeinsam füllt. Schweigen ist ein Beziehungsgeschehen und geschieht zwischen den Menschen. „Im Schweigen bezieht der Mensch sich nicht auf sich selbst, er steht vielmehr im Du-Bezug."[25] Ein solches Verständnis vom Schweigen kann eine größere Hilfe sein, im Schweigen zu bleiben und dieses auszukosten.

Für solche Zeiten des Schweigens können im Prinzip auch viele Worte und Verse aus den Psalmen dienen, die Stück für Stück wiederholt werden und verkürzt eine gemeinsame Stille zum Schweigen einleiten.

---

[25] Kunz, 35.

3. Tisch des Wortes und Tisch des Brotes

Für Franziskus und Klara sind die Eucharistie und das Wort Gottes in der Form der Heiligen Schrift Erfahrung der Gegenwart Gottes. Deshalb kennzeichnen tiefste Ehrfurcht, äußere und innere Wertschätzung den Umgang mit der Heiligen Schrift, das Herrichten des Altars, das Verweilen und Verkosten. In der Eucharistie erleben sie das Sichtbarwerden der Armut und Demut Gottes. In ihr setzt sich die Menschwerdung Gottes fort.

Franziskus und Klara wollen nichts anderes, als ein Leben nach dem Evangelium zu leben, in den Fußspuren Jesu. Quelle und Urgrund ihres Lebens und ihrer Gottesbeziehung ist von daher das Evangelium, die Botschaft von der Menschwerdung des Gottessohnes. Dieses Wort Gottes begleitet sie im Alltag, es findet seine Entsprechung und Verdichtung in ihren Worten und Handlungen, es wird ebenso konkret in der Feier der Eucharistie. Auf die Begegnung mit dem lebendigen Gott kommt es an, so daß Franziskus eindrücklich immer wieder betont, daß selbst der unwürdigste Priester Hochachtung verdient und der Feier der Eucharistie vorstehen kann.

Eine tiefe Ehrfurcht vor dem geschriebenen Wort Gottes ist beiden ins Herz eingeschrieben, weil dieses Wort das Leben ist und Leben schenkt.

> „Und weil der, welcher aus Gott ist, auf Gottes Wort hört (vgl. Joh 8,47), deshalb müssen wir, die ganz besonders zum Dienste Gottes bestellt sind, nicht nur hören und tun, was Gott spricht, sondern müssen auch die Gefäße und das übrige zum Gottesdienst Bestimmte, das seine heiligen Worte enthält, behüten, damit die Erhabenheit unseres Schöpfers und unsere Unterwerfung unter ihn in uns eindringe. Deshalb ermahne ich alle meine Brüder und bestärke sie in Christus, daß, wo immer sie geschriebene göttliche Worte finden, sie dieselben, so gut sie können, ehrfürchtig behandeln. Und soweit es an ihnen liegt, sollen sie diese sammeln und verwahren, wenn sie nicht gut aufbewahrt sind oder ungeziemend irgendwo zerstreut liegen." (BrOrd 34–36.)

Das Hören auf Gottes Wort, die Anbetung und die Feier der Eucharistie sind Verdichtungspunkte für das geistliche Geschehen einzelner und der Gemeinschaft. In Exerzitien haben diese Formen ihren je eigenen Platz. Im Hören und Lesen des Wortes Gottes geschieht Begegnung, in der Eucharistie geschieht Begegnung.

Im Exerzitienweg geht es darum, den gegenwärtigen Gott in beiden Geschehen anzunehmen und ihm einen Platz zu geben: in seinem Wort und in seinen Gaben von Brot und Wein. Exerzitien sind Formen, die Sinne zu bereiten, daß er ankommen kann und uns treffen kann: das Gehör, das Herz, Leib und Seele, selbst den Geschmack – Franziskus und Klara verkosten das Wort Gottes, wie Maria es im Evangelium in ihrem Herzen bewahrte – das ist weit mehr als ein Hören und Hinhören. Es ist ein Begegnungsgeschehen in Liebe.

Formen

1. Gruppen- und Einzelexerzitien

Exerzitien sind Zeiten der Besinnung und inneren Neuausrichtung. Der lateinische Begriff „exercitium“ ist aus dem profanen in den kirchlichen Raum übertragen worden. „Exercere“ hat verschiedene Bedeutungen, die alle ein beredtes Licht auf das Verständnis der Exerzitien heute werfen: „aus der Ruhe (Burg) bringen, verfolgen; Arbeit, Kunst ausüben; sich üben in“.

Cyprian († 258) empfiehlt im 3. Jahrhundert die „exercitia“, da Jesus uns erlöst hat, indem er durch Prüfungen, Versuchungen (= exercitia) und Tod hindurchgegangen ist. Einflußreich ist vor allem das Beispiel Jesu aus Mt 4,1–11: „Er wurde vom Geist in die Wüste geführt und fastete.“ Diese Praxis wird im Laufe der Jahrhunderte immer wieder erinnert und eingeübt.

„Exerzitien“ bedeuten üben, sich beunruhigen lassen und sein Leben im Lichte Gottes ordnen. Diese Übungen, Exerzitien, wollen dem einzelnen dazu verhelfen, daß dieser sein tieferes Wesen und die eigene innere Kraftquelle neu entdecken kann. So findet der Mensch zu einer Haltung der liebenden Aufmerksamkeit und zu einem lebendigen Glauben, der ihn herausfordert, seine individuelle Berufung im Dienst an den Mitmenschen und an der Welt zu leben:

„Mich verwurzeln, ordnen und erden in mir, in der Welt, in Christus, sensibel und offen werden und mich entscheiden für mich, für die Welt, für Christus, neu vertrauen und mich ausrichten auf mich, auf die Welt, auf Christus“ – das ist der Prozeß der Exerzitien. Und es wird dabei deutlich: Es geht um mich, um meine Beziehung zu Christus, meine Beziehung zum anderen und zur Welt. Exerzitien sind Beziehungsgeschehen.

Das existentielle Einlassen auf Christus geschieht im Schweigen, in der Meditation biblischer Texte, in Körperübungen, liturgischen Feiern und im persönlichen Gespräch mit der Begleitung.

Grundlage der Exerzitien ist die biblische Wahrheit, daß jeder Mensch von Gott gerufen und geliebt ist. Es geht darum, Herz und Verstand, Leib und Seele für Gottes Gnade zu bereiten und frei zu werden von ichhaften Wünschen und Ängsten. Gottes Stimme immer deutlicher zu vernehmen und alle Lebensbereiche der Führung des Heiligen Geistes zu öffnen ist das Ziel allen geistlichen Übens.

Der Weg, den wir dabei gehen, ist einfach, aber nicht leicht. Alle äußeren Ablenkungen fallen weg: nichts reden, keine Bücher, keine Musik … – eben so, als ginge man ohne alles in die Wüste oder in eine Einsiedelei. Wichtig ist die aktive Bereitschaft, sich auf die Stille einzulassen. Es geht nicht darum, mit dem Kopf ganz in der Gegenwart da zu sein – nicht in Gedanken, sondern direkt, unmittelbar, mit allen Sinnen. Da helfen uns die Natur, das Stillsitzen in der Meditation und die geistlichen Impulse. So sind diese Tage eine Schule des Hörens und des Sehens, eine Wahrnehmungsschule.

Es ist schwer, genau zu schildern, wie das alles sein wird. Wichtige Voraussetzung ist, sich mit viel Offenheit und Sehnsucht nach einer ganz einfachen Art der Gottverbundenheit darauf einzulassen. Keine gute Voraussetzung wäre, sich das einfach einmal anschauen zu wollen oder eine religiöse Pflicht zu erfüllen.

Diese intensiven Zeiten der Stille können vieles im persönlichen Leben in Bewegung bringen. Sich selber und Gott zu begegnen erfordert Mut und die Bereitschaft, evtl. auch eine Korrektur in der eigenen Lebens- und Glaubenspraxis vorzunehmen, die mehr Leben ermöglicht.

Wir unterscheiden Gruppen- und Einzelexerzitien. Beide Formen brauchen die klare Entscheidung dessen, der jetzt Exerzitien machen will, d.h. der sich Gott gegenüber öffnen und stellen will.

1.1. Gruppenexerzitien

Es gibt bei diesen Exerzitien einen gemeinsamen Weg in Form von Impulsen und Austausch, gemeinsame Gebets- und Schweigezeiten. Dabei erweisen sich die Gruppenmitglieder unbewußt als Weggefährten. Das Einzelgespräch kann dazukommen.

1.2. Einzelexerzitien

Zu der Form der Einzelexerzitien möchten wir aus den franziskanischen Grundhaltungen heraus einige Hinweise geben:

- Einzelexerzitien sind ein intensives Bemühen, sein Leben anzuschauen, zu ordnen und neu auf Gott auszurichten. Wegweisend dabei ist das Wort Gottes. Es wird sich dem erschließen, der sich ihm bereitwillig, gläubig und mit Ausdauer öffnet.
- Es geht in den Einzelexerzitien darum, in Wachheit und Aufmerksamkeit das geheimnisvolle Bild Gottes in sich zu erahnen, Noch-nicht-Gelebtes zu entdecken, Unerlöstes zuzulassen und Gutes zu fördern. Eine Anregung sind die Übungen, die Bonaventura in seinem Itinerarium mentis in Deum erläutert, das er 1259 auf dem Berg La Verna geschrieben hat. Es sind Anleitungen sehr schöner Art, Gott und seine Spuren in der gesamten Schöpfung zu entdecken. Diese Anleitungen sollen den Menschen sensibel machen für die Schöpfung, darin soll er Gott erkennen, gleichzeitig die Aufgabe der Wissenschaft begreifen (exercere bedeutet für Bonaventura den Übergang vom Wissen

zur Weisheit), sich auf den Weg zu Gott machen, an Jesus Christus glauben und lieben lernen, sich selbst und den anderen.

- Einzelexerzitien sind eine Zeit der Stille und des Gebetes – eine Zeit, dem Sinn seines Lebens näherzukommen, nach dem Willen Gottes im konkreten alltäglichen Aufgaben- und Lebensbereich zu fragen und sich neu von Gott rufen zu lassen.
- Einzelexerzitien bezwecken also nicht ein Kreisen um sich selbst; sie ermöglichen vielmehr eine ganzheitliche, befreiende und frohmachende Begegnung mit Gott und sich selbst.
- In gemeinsamen Einzelexerzitien kommt der Zugehörigkeit zu einer Gruppe besondere Bedeutung zu. In den zehn Tagen gemeinsamer Stille und gleicher Ausrichtung auf Gott wächst erfahrungsgemäß innerhalb der Gruppe eine dichte Atmosphäre der Verbundenheit untereinander und mit Gott. Dies hilft dem einzelnen, auf dem Weg zu bleiben.
- Voraussetzungen für die Tage der Einzelexerzitien sind:
  - Zehn Tage (empfohlen) der Stille und des Gebetes mit individuellen Anregungen.
  - Tägliches Gespräch mit dem Begleiter oder der Begleiterin.
  - Täglich ca. viermal eine Stunde Schriftmeditation.
  - Täglich einmal Leibübungen (es empfiehlt sich, bequeme Hosenkleidung und Wollsocken mitzubringen).

2. *Einzelexerzitien mit Bibliodrama*

Im Bibliodrama inszenieren die Teilnehmer und Teilnehmerinnen eine biblische Geschichte, indem sie sich aus eigenem Antrieb mit einer bestimmten Person identifizieren oder eine Rolle, die der Text anbietet, übernehmen. Dabei wird ihnen bewußt, wo sie selbst in dieser Welt und in Beziehung zu Gott stehen. Sie stoßen auf die eigenen Möglichkeiten und Grenzen und wagen neue Schritte auf ihrem Weg. Die SpielleiterInnen helfen dabei durch behutsam einfühlendes Gespräch.[26]

---

[26] Vgl.: Andriessen, H., Derksen, N., Lebendige Glaubensvermittlung im Bi-

Elemente dieser Form sind:
- Täglicher Schriftimpuls in Form von Bibliodrama
- Vertiefung durch persönliche Gebetszeiten
- Übungen am Leib
- Einzelbegleitung
- Durchgehendes Schweigen.

3. Exerzitien im Alltag

Diese Form der Exerzitien erfreut sich zunehmender Beliebtheit. Exerzitien im Alltag sind ein Weg,[27]
- mir selbst und dem Gott meines Lebens ein wenig mehr auf die Spur zu kommen,
- Spuren Gottes in meinem alltäglichen Leben zu erahnen und wahrzunehmen,
- Zeit und Ruhe für mich und für „Gottes Geheimnis" zu finden,
- in der Gemeinschaft die Spuren Gottes lebendig werden zu lassen.

Dabei ist jeder Tag gleich strukturiert und hat einen eigenen Impuls für die persönliche Gebetszeit. Ein Vorschlag unsererseits für eine Woche sieht folgendermaßen aus:

1. Tag – Einführung ins Wochenthema
2. Tag – Gebet
3. Tag – Franziskanischer Quellentext
4. Tag – Schrifttext
5. Tag – Bildmeditation
6. Tag – Geschichte
7. Tag – Wochenrückblick

Eine gute Möglichkeit zur Unterstützung des persönlichen Weges ist der wöchentliche Austausch in der Gruppe.

---

bliodrama. Eine Einführung, Mainz 1991; Bibliodrama als Prozeß, Hrsg. v. Warns, E. N., Fallner, H., Bielefeld 1994; Pauler, N., Biblodrama. Glauben erfahren mit Hand, Kopf und Herz, Stuttgart 1996; Themenheft Bibliodrama in: Lebendige Seelsorge 46 (1995);

[27] In Anlehnung an: Exerzitien im Alltag 2000 der Baldegger Schwestern.

Die Exerzitien im Alltag sind durch drei wichtige Bestandteile geprägt:

1. Die persönliche Gebetszeit (etwa eine halbe Stunde am Tag): Die einzelnen Gebetszeiten sind der zentrale Punkt. Im Gebet ist der einzelne eingeladen, seiner Sehnsucht nach Gott Raum zu geben. Im Gebet wird es helle und dunkle Erfahrungen geben. Es wird gut sein, wenn der einzelne versucht, für die Gebetszeiten einen festen Zeitpunkt im Tagesablauf zu finden.

2. Der Tagesabschluß (etwa 10 Minuten): Um sich selbst und Gott ein wenig auf die Spur zu kommen, ist es gut, wenn man sich jeden Tag Notizen macht. Einige Gedanken und Empfindungen, die während der Meditation oder im Laufe des Tages gekommen sind, sollten stichwortartig aufgeschrieben werden und am Ende des Tages vor Gott gebracht werden.

3. Der wöchentliche Austausch in der Gruppe ist eine Hilfe für den einzelnen, seinen Weg mit allen Schwierigkeiten innerhalb der Exerzitien zu gehen und zugleich von den Erfahrungen der anderen zu lernen und sich bestärken zu lassen.

Es geht dabei nicht darum, theologisches Wissen auszutauschen oder sich anzueignen oder gar zu diskutieren, was richtig oder falsch ist. Der Austausch dient vielmehr dazu, auf dem Exerzitienweg persönliche Erfahrungen auszutauschen, sich gegenseitig zu fördern und zu ermutigen. Persönliches Erzählen und einfühlsames Zuhören, Achtung voreinander und gegenseitige Wertschätzung tragen zum Gelingen des Gesprächs bei.

Mögliche Impulse für einen Austausch könnten sein:

- Was habe ich in der vergangenen Woche erlebt (Ort, Zeit, Umstände)?
- Wie bin ich mit den Tagesthemen zurechtgekommen (Erfahrungen, Entdeckungen, Schwierigkeiten)?
- Wie ist es mir gelungen, die Tagesthemen über die Besinnungszeit hinaus in den Alltag hineinzunehmen?
- Hat mich der Tagesrückblick dankbar gestimmt und mir bewußt gemacht: Gut ist der Tag nicht deshalb, wie er war, sondern weil er war?

Für den Tagesrückblick können folgende Stichworte (auch verstanden im Sinne einer angeleiteten Übung) wichtig sein:

- Sich einfinden in Gottes Gegenwart
- Dasein vor Gott:
  Ich bin jetzt da.
  Ich darf sein, wie ich bin – mit meinem Leib, meinen Gedanken
  und Gefühlen.
  Ich muß nichts leisten.
  Ich habe Zeit.
  Ich bin da vor Gott.
  Gott ist für mich da.
- Blick auf mein Leben, meinen Tag (evtl. an Hand der Notizen):
  Was bewegt mich jetzt?
  Was habe ich heute erlebt? Wie ging es mir dabei?
  Wofür kann ich Gott danken?
  Was erbitte ich von Gott?
- Ich schließe mit einem kurzen Gebet.[28]

---

[28] Vgl.: Benke, Ch., An den Quellen des Lebens. Exerzitien im Alltag, Würzburg 1998; Generalvikariat Aachen: Arbeitsmappe Exerzitien im Alltag; Grün, A., Exerzitien für den Alltag, Münsterschwarzach 1997; Hirschauer, M. u. a., Gott finden im Alltag. Exerzitien zu Hause, Freiburg ^{2}1997; Johne, K., Geistlicher Übungsweg für den Alltag, Graz Wien Köln 1993; Klinger, E., Das absolute Geheimnis im Alltag entdecken. Zur spirituellen Theologie Karl Rahners, Würzburg 1994; Korrespondenz zur Spiritualität der Exerzitien Nr. 54, 55, 70, 71; Schubert, E., Gottes Spur auf meinem Weg. Exerzitien im Alltag, Limburg 1997.

Das Begleitungsgeschehen

Aus dem bisher Gesagten wird hoffentlich ersichtlich und deutlich, daß bei noch so guter Ausbildung oder Leiterschulung zu Exerzitien etwas anderes weitaus wichtiger zu sein scheint: die selbst gelebte Nachfolge Christi, in aller Demut, in der frohen Buße, in der eigenen Geschöpflichkeit mit allen Sinnen. Nur wer selbst geistlich zu leben versucht bzw. wer sein Leben als ein geistliches begreift, nur der kann andere auf ihrem Lebensweg begleiten. Nicht er selbst hat das Begleitungsgeschehen im Griff, sondern in allem, was ihm widerfährt und begegnet, sind Spuren von Gottes Handeln in der Welt und am Menschen zu erkennen und erspüren. Wenn ich nicht selbst mein Leben geordnet habe und aus dem Gebet heraus lebe, wie soll ich es anderen weitergeben bzw. ihnen auf ihrem Lebensweg Stütze sein können?!

Medium

Fähig ist derjenige, Exerzitien bzw. Menschen in Exerzitienprozessen zu begleiten, dem die Kraft gegeben ist, sich nicht als der Erlöser und Befreier zu betrachten, sondern als das Werkzeug Gottes. Allein Gott kann ordnen und entlasten und freilegen – die Begleitung ist dabei das Medium. Wenn ich mich im Exerzitienprozeß als das Mittel verstehe, dann kommt es nicht so sehr darauf an, wie ausgebildet ich bin, sondern wie sehr ich diese Beziehung zu Gott lebe und ihm auch zutraue, daß er durch mich hindurch auf den anderen hin wirken kann. Gleichzeitig genügt das allein natürlich nicht, ist jedoch die Grundlage und das A und O jeder geistlichen Begleitung und der Exerzitien. So wie Franziskus in allem die Spuren Gottes erkannte und sein Wirken pries, so ist es auch Aufgabe einer Exerzitienbegleitung, dieses zu tun und dem anderen dafür in einem Prozeß die Augen zu öffnen.

Offenheit

Beide, sowohl die Begleitung als auch der/die zu Begleitende, sollten den Willen haben, ihr Leben ordnen und freilegen zu wollen, um an das heranzukommen, was für den Betreffenden gerade „dran“ ist. Gelingt der Begleitung das im eigenen Leben nicht, dann gelingt es ihr auch schwerlich in der Begleitung anderer.

Gottsuche

Exerzitientage und der Prozeß in den Exerzitien, das ist nichts anderes als der Versuch, Gott im eigenen Leben auf die Spur zu kommen. Es geht also um ein Beziehungsgeschehen, nicht um Selbstfindung (höchstens als sekundäres Produkt) oder um Therapie. Wer dieses sucht, ist in den Exerzitien fehl am Platze und sollte sich andere Kurse suchen. Gott und die Begegnung mit ihm bzw. die Fragen an ihn und seine Spuren in meinem Leben – das ist das Thema jeder Form von Exerzitien. Ob dann eine Entscheidung ansteht, ob ich mich noch anderen Fragen stellen muß, ob die Begleitung verweisen muß – das folgt automatisch und darüber braucht sich niemand vorher gewaltsam Gedanken machen, denn Gottes Geist wirkt, wie er will – die Offenheit für den Geist ist eine der notwendigsten Voraussetzungen für beide: für die Begleitung sowie für die zu Begleitenden. „Die Schöpfung ist Gottes so voll, alle Poren atmen ihn aus“, so Alfred Delp; dafür gilt es die Sinne zu schärfen und sich zu bereiten. Dabei ist eine nächste Tugend oder Haltung oder Voraussetzung angesprochen: Sowohl die Begleitung als auch der/die zu Begleitende müssen lassen und loslassen können – sich selbst, ihre Vorstellungen und den anderen. Es geht um die Beziehung zu Gott, und Beziehung kann man nur leben, wenn man wie Franziskus den Weg auf den anderen zugeht und Begegnung ermöglicht, wenn man Vorstellungen und Verhaltensweisen lassen kann und sich dem zukehren kann, was zuvor bitter erschien. Nur so kann es „in Süßigkeit des Lebens“ verwandelt werden.

Begegnung im Gebet

Wenn es um Begegnung mit Gott geht, dann ist eine Form die zentrale innerhalb der Exerzitien: nämlich das Gebet. Auch das Gespräch zwischen Begleitung und zu Begleitendem, ja selbst die Vorträge sind Gebet und Formen, die Begegnung mit Gott fördern wollen. Kein therapeutisches Gespräch, keine Hilfe zur Selbsthilfe, kein Wissensvortrag, sondern Befähigung zur Begegnung, ja vielleicht in der ein oder anderen Weise selbst schon Begegnung mit Gott. Von daher tut es not, innerhalb solcher begleitenden Gespräche auch immer wieder gemeinsam und füreinander zu beten, denn „wo zwei oder drei in seinem Namen versammelt sind, da ist er mitten unter ihnen" (vgl. Mt 18,20) – was ist ein Gespräch im Prozeß der Exerzitien anderes?

Liebesbegegnung
Ein letzter Punkt ist als Voraussetzung für beide innerhalb der Exerzitien wichtig. Wenn es um die Beziehung Gott/Mensch geht, dann geht es vor allem um eine Liebesbegegnung, dann geht es darum, sein Leben wieder neu an dem Grund auszurichten, der mein Leben trägt und hält, und zu versuchen, an den Fragen und an dieser Beziehung, wie man so schön sagt, „dranzubleiben".

So wie Gott es sehr ernst mit dem Menschen meint, so verdeutlichen Exerzitien, wie ernst der Mensch es mit Gott meint, die Begleitung und der/die zu Begleitende.

Die Begleiterin, der Begleiter

> „Allmächtiger, ewiger, gerechter und barmherziger Gott, verleihe uns Elenden, um deiner selbst willen das zu tun, von dem wir wissen, daß du es willst, und immer zu wollen, was dir gefällt, damit wir, innerlich geläutert, innerlich erleuchtet und vom Feuer des Heiligen Geistes entflammt, den Fußspuren deines geliebten Sohnes, unseres Herrn Jesus Christus folgen können und allein durch deine Gnade zu dir, Allerhöchster, zu gelangen vermögen, der du in vollkommener Dreifaltigkeit und einfacher Einheit lebst und herrschest und verherrlicht wirst als allmächtiger Gott durch alle Ewigkeiten der Ewigkeiten. Amen." (BrOrd 50–52.)

Dieses Gebet zum Ende des Briefes des heiligen Franziskus an den gesamten Orden macht deutlich, worum es in der Begleitung geht: um den Willen Gottes, ihn zu erspüren und dem anderen dabei zu helfen. Gott wirkt, und der Heilige Geist ist die Kraft. Das ist leicht gesagt, doch schwer in die Praxis umzusetzen, denn das erfordert eine gehörige Selbstdisziplin und ein intensives geistliches Leben. Das erfordert Voraussetzungen, die in dem Prinzip der wesentlichen Begleitung zugrunde liegen. Die formale Begleitung, für die wir an dieser Stelle einige Kriterien erarbeiten, ist dann eine logische Konsequenz.

Die Begleitung einzelner Menschen in Exerzitien – oder darüber hinaus in der geistlichen Begleitung im Lebensalltag – bedeutet eine sehr schwere, ernste und verantwortliche Aufgabe, die nicht so ohne weiteres von jedem, der geistlich lebt, geschweige denn von jedem, der ein Theologiestudium absolviert hat, verantwortlich und adäquat geleistet werden kann. Dazu bedarf es schon mehr und anderer Qualitäten und Voraussetzungen. Auch eine Ausbildung macht jemanden zwar auf dem Papier, wenn sie abgeschlossen ist, aber noch lange nicht in der Praxis zu einem geistlichen Begleiter und einem Exerzitienleiter bzw. -leiterin.

Was sind Kriterien, die er/sie erfüllen muß? Was sind Mindestvoraussetzungen? Was muß er/sie wissen, was braucht er/sie nicht zu wissen oder zu können? Diesen Fragen wollen wir uns an dieser Stelle ein wenig widmen. Genährt sind sie aus verschiedenen Quellen: zum einen aus den eigenen Erfahrungen als Leitung und als Begleitung, zum zweiten aus unserer intensiven Beschäftigung mit den Schriften und Haltungen des Franziskus, die für einen Exerzitienprozeß maßgeblich sein können und die wir versucht haben, oft sehr unbewußt, in unserer Arbeit als Begleitung zu praktizieren und einzunehmen.

Die folgenden Ausführungen sind u. a. Resultate aus einem Kurs, den wir gemeinsam schon seit einigen Jahren konzipieren und durchführen, der eine Praxisreflexion darstellt für solche, die Exerzitien und/oder Einkehrtage halten und begleiten. Für beides sind gleiche Haltungen notwendig. Zu ergänzen ist hier, daß die Haltungen und Voraussetzungen für jedwede Form geistlicher Begleitung maßgeblich sind, also auch für das Oberenamt in Ordensgemeinschaften und für die Ausbildung in geistlichen Gemeinschaften.

In allem geht es darum, Vertrauen zu haben, daß der Heilige Geist als Wirklichkeit im geistlichen Leben wirkmächtig ist, daß ich Mitarbeiter/Mitarbeiterin Gottes bin und mich auf seine Arbeit verlassen kann, ihm vertrauen kann.

Die Ausführungen mögen vielleicht den einen oder anderen erschrecken, weil das von uns skizzierte Ideal sehr hoch ist. Doch ist es eine anstrengende und sehr verantwortliche Aufgabe, die Ideale haben muß, die ich als der Begleitende aber nicht in allem erfüllen muß – denn ich kann mich auf Gott verlassen, ich bin sein Mitarbeiter. Und er verheißt mir, daß er da ist, gegenwärtig ist.

Wir wollen die Auflistung bzw. Erläuterungen der Voraussetzungen im folgenden auch nicht wie eine Checkliste verstanden wissen, die ich einhalten muß, damit Begleitung gelingt. Es sind Kriterien, die nichts anderes auf sehr verschiedene Weise ausdrücken, als daß es in allem um eines geht: den Gehorsam Gott, dem einzelnen und der inneren Stimme gegenüber.

1. Kriterien und Konsequenzen

Vertrauen

Prinzipiell geht es in der Begleitung – und hier treffen sich geistliche Begleitung sowie die Gesprächstherapie nach Carl Rogers – primär nicht darum, Methoden zu entwickeln, Ratschläge zu geben oder den Betreffenden Patentrezepte an die Hand zu geben. Damit ist den zu Begleitenden nicht geholfen. Jeder Mensch hat in sich die Fähigkeit, eigene Wege zu finden und zu entwickeln, mit dem zurechtzukommen, was sein Leben ausmacht, was es behindert oder auch bereichert. Die Exerzitienbegleitung sollte nicht die Haltung haben, den einzelnen auf den rechten Weg zurückführen zu wollen. Es gilt, dem anderen vielmehr zuzutrauen und ihm dabei Hilfestellung zu leisten. Das Vertrauen in den Menschen ist das Entscheidende jeder Form von Begleitung. Voraussetzung dafür ist natürlich, daß ich mir als Begleitung selbst trauen kann und mir einiges in Bezug auf mich selbst zutraue. Nur wenn das gegeben ist, kann ich auch den anderen lassen und ihm das Finden seines eigenen Weges selbst zutrauen.

Spiritualität, nicht Methode

Damit ist eine zweite Dimension angesprochen, die vor allem Franziskus immer wieder betont hat. Mit Blick auf Christus ist es Aufgabe der Begleitung, sich ganz in den Dienst zu stellen, sozusagen explizit eine Pro-Existenz zu leben. Die Begleitung steht im Dienst an dem zu Begleitenden; sie hat nicht ihr Konzept durchzuziehen, sondern sehr genau und feinfühlig zu hören, was bei dem anderen sozusagen „dran" ist, wo er steht und welcher nächste Schritt ihm wohl gut tun könnte. Hören können, der Wahrheit und dem Menschen dienen, sich in den Dienst nehmen lassen – das sind die Aufgaben der Begleitung. Der Dienst ist Gottesdienst – es geht um Gott und um die Begegnung und das Erkennen der Spuren Gottes im Leben des einzelnen. So kann auch nicht nur eine Exerzitienmethode als die geltende und maßgebliche angesehen und betrachtet werden. Die Methoden sind vielfältig, so wie die Wege der Gottesbegegnung vielfältig sind; ob Einzelexerzitien, ob Schweige- oder Meditationsexerzitien, ob Exerzitien in franziskanischer, karmelitischer oder ignatianischer Prägung – das ist zweitrangig; wichtig ist die Haltung, daß es um den Menschen und um Gott geht, nicht um Formen und Methoden. Allerdings sollte sich die Exerzitienbegleitung sehr wohl in der Tradition und auch in dem Reichtum an Formen von Exerzitien und Begleitungsmöglichkeiten, auskennen und versuchen, ein klares und durchdachtes Konzept anzubieten. Es ist unabdinglich, daß der Exerzitienbegleiter oder die Exerzitienbegleiterin eine Form wählen, die jeweils die eigene ist, aus der heraus sie leben und ihren Glauben gestalten.

Dabei kann es sehr wohl sein, daß verschiedene Elemente aus verschiedenen Richtungen und Strängen der Spiritualitätsgeschichte miteinander verbunden werden; keine Form von Spiritualität in der Geschichte kann sich nur aus einer Quelle nähren – Ignatius z.B. hat eine Synthese von verschiedenen Traditionssträngen aus der Geschichte und seiner Gegenwart gewagt, und das in einer sehr guten und gelungenen Art und Weise.

Doch gilt es einen klaren und eindeutigen Akzent zu setzen. Und wie oben zu sehen ist, bietet auch der franziskanische Weg für die Menschwerdung innerhalb der Exerzitien ausgezeichnete Anknüpfungspunkte. Wichtig ist und bleibt für die Begleitung, nicht eines gegen das andere auszuspielen.

Geistlich leben – die eigenen Quellen

Ein nächster Punkt ergibt sich aus dem vorher Beschriebenen: Der Begleiter und die Begleiterin sollen und müssen geistlich lebende Menschen sein, die die eigene Spiritualität immer wieder aus den Quellen nähren, die da heißen: Schrift, Sakramente, Kirche und die je eigene Spiritualitätsform und -richtung. So wie sich die zu Begleitenden auf einen geistlichen Weg begeben und diesen in den Tagen der Exerzitien ausprägen, so gilt es für die Begleitung, den eigenen Weg stets von neuem zu überdenken, zu hinterfragen und gegebenenfalls zu verändern, sprich umzukehren. Wenn frohe Buße ein Prinzip der Exerzitien ist, dann sollten auch der Begleiter oder die Begleitende immer wieder einmal in dem eigenen geistlichen Prozeß Unterbrechungen setzen und sich fragen lassen. Der zu begleitende Mensch merkt, wenn die Begleitung aus Quellen lebt oder nur Blendwerk anbietet. Das bedeutet nicht, daß der Begleiter und die Begleiterin vollkommen sein müssen, wahrlich nicht; solche Menschen wären bestimmt ebenfalls sehr unangenehm. Vielmehr sollte er/sie als geistlich lebender Mensch um die eigenen Dunkelheiten wissen, sie zumindest nicht aus dem eigenen Leben ausblenden.

Scheitern

Geistlich leben und geistlich begleiten bedeutet, dem Scheitern einen Raum einräumen, im eigenen Leben, im Leben des anderen und auch in der Form der Begleitung (auch hier muß mir nicht alles gelingen, davon abgesehen, ist nur einer der Exerzitienmeister: Gott). Alles, was zum Leben gehört, auch die Niedrigkeiten und Dunkelheiten, eben alles hat in den Exerzitien seinen Platz, muß seinen Platz auch in der Spiritualität des Begleiters und der Begleiterin haben. Dieses anzuschauen und es von Gottes Liebe durchdringen lassen, in allem die Spuren Gottes erspüren lernen und ihm zutrauen, daß er auch auf krummen Linien gerade schreiben kann, sind notwendige Elemente zum Gelingen eines Exerzitienprozesses.

Wider die Harmonie

Konflikte aushalten, keine schnellen Lösungen anstreben und nicht harmonisieren – das ist eine Kunst, die erlernbar ist. Wer auf allzu schnelle Lösungen aus ist oder harmonisiert, wer dem Wort eines zu begleitenden Menschen nicht widerstehen kann, der hat es zwar bequem, zieht sich jedoch aus dem Dienst und dem Geschehen der Begleitung heraus. Somit muß die Begleitung auch, und das ist vielleicht ein grundlegender Unterschied zur klientenzentrierten Gesprächsführung nach Rogers, konfrontieren können, um der Sache, um Gottes und um des einzelnen willen. Die zu Begleitenden bestimmen ihren Weg selbst. Die Begleitung ist der Anwalt, um die einzelnen vor Irrwegen oder Abwegen zu bewahren und aufzuzeigen, wo andere, bessere Möglichkeiten liegen.

Zu Beginn eines Kurses oder einer Begleitung ist es daher gut, mit den zu Begleitenden einen Kontrakt zu schließen, sie auch konkret zu fragen: Was willst du in diesen Tagen? Was ist dir wichtig? Was bist du bereit, dafür zu tun? Willst du, daß Gott in deinem Leben eine Rolle spielt? Die Antworten darauf können für die Begleitung Geländer und notwendiges Korrektiv im Laufe des Prozesses sein.

Grenzen und Gefahren

Die Exerzitienbegleitung hat ihre Grenzen, ihre Fallen und Gefahren. Wie schnell und leicht ist es, dem anderen Ratschläge oder Tips mit auf den Weg zu geben, aus der eigenen Erfahrung heraus, aus dem Wissen heraus oder auch aus der vielfältigen Erfahrung von Begleitung heraus. Doch wenn der Betreffende nicht selbst den nächsten Schritt mitbestimmt, geht der Prozeß nicht voran. Zudem gibt es Grenzen, die es einzuhalten gilt. Exerzitien sind keine Therapien, u. U. schon therapeutische Orte und Zeiten. Doch das ist etwas anderes.

Bemerkt die Exerzitienbegleitung, daß die eigene Kompetenz als geistliche Begleitung nicht ausreicht, um den oder die einzelne adäquat zu begleiten, dann gilt es, dieses deutlich zu formulieren und sie/ihn an andere, eben auch Therapeuten zu verweisen. Dies geschieht aus der Verantwortung dem einzelnen und sich selbst gegenüber. Die Geschöpflichkeit ernst nehmen, wie Franziskus es getan hat, bedeutet eben auch, um seine Grenzen und die des Exerzitienprozesses zu wissen. Letztlich ist es ein Prozeß der Armut von Seiten der Begleitung, nämlich sich selbst immer wieder zurücknehmen, dem anderen und vor allem Gott die Initiative zu überlassen, demütig sein, da es um den anderen, seinen je sehr individuellen Prozeß und seine Beziehung zu Gott geht, nicht um meine Kompetenzen.

Loslassen können
Abgeben können – das ist und sollte eine der Grundtugenden der Exerzitienbegleitung sein. Gott Gott sein lassen und offen werden für sein Eingreifen, das ist der geistliche Prozeß für die Begleitung innerhalb der Exerzitien. Gott bitten können, daß er etwas mit mir tun kann – auch das ist eine logische Konsequenz aus dem Beschriebenen; letztlich ist das ein Gebet des wirklich Armen, wie Franziskus es uns vorgelebt und exerziert hat.

Erbarmen
Für Franziskus ist es sehr wichtig, das Erbarmen Gottes immer wieder zu spüren. Wie oft spricht er in seinen Schriften davon, daß er der unwürdige Knecht Gottes ist und daß seine Brüder es ihm auf diesem Weg gleichtun sollen. Die Brüder sollen die Minderen sein, eingedenk dessen, daß Christus sich selbst minder gemacht hat. Die eigenen Dunkelheiten aushalten können, die Nichttröstungen, bis hin zur Erschütterung über sich selbst, darin an das Erbarmen Gottes glauben und mit sich selbst Erbarmen haben – das sind Grundvoraussetzungen, um Menschen geistlich zu begleiten. Es geht um Menschwerdung, nicht um Prinzipien, nicht um Sündenbewußtsein oder ritualisierte Handlungen, ob nun Beichte oder Eucharistie. „Es darf keinen Bruder auf der Welt geben, mag er auch gesündigt haben, soviel er nur sündigen konnte, der deine Augen gesehen hat und dann von dir fortgehen müßte ohne dein Erbarmen, wenn er Erbarmen sucht." (BrMin 9–10.)

Hierin spricht sich eine eminent wichtige Grundhaltung und Komponente jedweder Form von Begleitung aus. In einer Begleitung darf der andere nie beschämt, niemals entlarvt oder gedemütigt werden. Herausforderung ist gut, hat aber ihre Grenzen.

In den Augen der Begleitung die Liebe Gottes sehen dürfen, nicht die Verurteilung oder Beschämung, ist eine Kunst, deren Voraussetzungen für die Begleitung heißen: sich selbst liebevoll anschauen lassen, sich selbst liebevoll anschauen und um die eigenen Grenzen und Schwächen wissen. Es ist und bleibt eine ungeheure Herausforderung, die viel Ich-Kompetenz und Sachverstand beinhaltet, die vor allem eine Dimension der Nachfolge in froher Buße, in Demut, Geschöpflichkeit und Aufmerksamkeit, mit Zärtlichkeit und Offenheit bedeutet.[29]

2. *Fragen zur persönlichen Reflexion*

2.1. Meine Fähigkeiten, mein Charisma, meine Spiritualität

- Aufmerksam partizipieren
  Was bewegt, betrifft die Menschen um mich herum?
  Wie kann ich Wirklichkeit zulassen?
  Kann ich wahrnehmen und mit den Augen Gottes lesen?
- Selbst geistlich leben
  Wovon und wie lebe ich?
  Welchen Erfahrungen setze ich mich aus?
  Auf welche Weise lasse ich an mir/meinen Erfahrungen teilnehmen?
  Was sind unverzichtbare Formen meines geistlichen Lebens?
- Als „Mitarbeiter Gottes" handeln
  Wie kann ich im Sinne Gottes handeln (biblische Orientierung)?
  Wie kann ich ungelebte Möglichkeiten/Charismen entdecken, fördern?

---

[29] Was für ein verantwortliches Tun die Begleitung ist, machen folgende Worte von Franz von Sales deutlich: „‚Suche dafür [zur geistlichen Begleitung] einen aus tausend', sagt Avila. Und ich sage: einen aus zehntausend! Denn es finden sich weniger, die für diese Aufgabe geeignet sind, als man glauben möchte: Er soll voll Liebe, Wissenschaft und Klugheit sein." So fordert es Franz von Sales, in: DA 1, 40.

Wie kann ich helfen, Sinn zu entdecken, Unversöhntes zu versöhnen, in Balance zu kommen?
Was sind meine Fähigkeiten und Charismen?
Was sind meine Schwächen, meine Fallen?
Welche hilfreichen Formen und Regeln kenne ich, kann ich entwickeln?

- Meine Partner vor Gott bringen
  Wie kann ich meine Partner meditieren?
  Wie kann ich meine Partner vor Gott ins Gebet und zur Sprache bringen?
  Wie kann ich mit ihnen beten und ihnen Zeichen der Menschenfreundlichkeit Gottes geben?
  Wie erfahren andere in meinem Tun, in meinem Verhalten, „in meinen Augen" das liebende Erbarmen Gottes?

2.2. Der Weg der Begleitung – Emmaus als Modell

Die Emmausgeschichte (Lk 24) bietet eine gute Grundlage und Anfrage für den Weg der geistlichen Begleitung, ob in Form der Begleitung einzelner in ihrem Alltag, in Exerzitienprozessen oder ob in Form der Begleitung/Leitung von Gruppen und Konventen.

Miteinander reden, miteinander auf dem Weg sein, Jesus mitgehen lassen, miteinander die Schrift lesen, miteinander das Leben deuten, miteinander das Brot brechen, miteinander zu den Menschen gehen – zur Reflexion seien an dieser Stelle einige kurze Fragen angefügt:

- *Zwei von den Jüngern waren gemeinsam auf dem Weg und sprachen miteinander über all das, was sich ereignet hatte.*
  Wie sieht meine Begleitung aus? Ist das notwendige Vertrauen vorhanden? Hat alles Platz, was sich ereignet hat? Was ist Gegenstand des Gesprächs – das ganze Leben? Ist es ein Weggeschehen, ein gemeinsamer Weg? Bin auch ich auf dem Wege?
- *Während sie ihre Gedanken austauschten, kam Jesus zu ihnen und ging mit ihnen.*
  Nehme ich diese Wirklichkeit der Gegenwart Jesu bewußt mit in den Prozeß hinein? Vertraue ich ihm? Traue ich ihm seine Gegenwart zu? Kann ich sie aushalten, kann ich das Warten aushal-

ten? Will ich, daß er hinzukommt und mitgeht? Bin ich bereit, auf ihn zu hören und mich von ihm fragen zu lassen?

- *Begreift Ihr denn nicht? Er legte ihnen dar, ausgehend von Mose, was in der Schrift über ihn geschrieben ist.*
  Gibt es aus dem Evangelium Antworten auf die anstehenden Themen und Fragen? Wie lebe ich aus der Schrift, ist sie mir tägliches Brot? Was lebt in mir? Kann ich das Leben des anderen, den ich begleite, mit dem Evangelium in Verbindung bringen? Was gibt Licht?
- *Aber sie drängten ihn und sagten: Bleib doch bei uns.*
  Wie sieht Einkehr aus? Welche Einladungen spreche ich aus, was kann ich anbieten? Wie werde ich anderen zum Gefährten, zum „cum-panen" (Brot werden für den anderen)?
- *Brannte uns nicht das Herz in der Brust?*
  Wie verhelfe ich dem anderen dazu, daß er seine Sehnsucht spürt? Wann brennt mein Herz? Was sind die Erinnerungsmomente in meinem Leben, aus denen ich lebe? Wie verhelfe ich dem anderen zur Erinnerung?

2.3. Reflexion nach einer Übung – Merksätze

„Stellen Sie sich einmal vor, Jesus würde einen Besinnungs- und Einkehrtag mit Ihnen gestalten." – Da gibt es fünf Gruppierungen, die je einen eigenen Besinnungstag erlebt haben: die Armen, Kranken und Aussätzigen; die Pharisäer und Schriftgelehrten; die Jünger Jesu; Kinder; einfache Leute, die von ihm gehört haben.

Diese Übung hat fünf Schritte:

1. Formulieren der Fragestellung und die Suchbewegung: Welcher Gruppe ordne ich mich zu?
2. Mit den einzelnen in den jeweiligen Kleingruppen wird ein Interview in einer Art bibliodramatischen Spiels gehalten: Kernfragen hierbei sind: Wie habe ich Jesus erlebt? Wie habe ich den Tag erlebt? Was war gut, was hat mich gestört, was habe ich erwartet?
3. Aus der Rolle heraus formuliert jeder für sich einen Satz, der das Geschehen zusammenfaßt.

4. Im Plenum wird gemeinsam gesammelt, was das für die Leitung von Exerzitien und Einkehrtagen bedeuten kann.
5. Halbstündiges gemeinsames Schweigen in der Kapelle/Meditationsraum.

Die Ergebnisse aus den Kursen, die wir jeweils im Plenum gesammelt haben, decken sich mit den vorangegangenen Ausführungen. Wir haben sie, so wie sie gesagt wurden, übernommen, da sie einige schöne und kurz gefaßte Merksätze darstellen und noch einmal eine Zusammenfassung und Reflexionshilfe sein können:

- „Pack die Provokation nicht in zu viele Worte."
- Der Leiter/Leiterin muß Teilhabe am eigenen Leben geben. Was die Leitung sagt, muß „durch sie hindurchgegangen sein".
- Menschen müssen und wollen unterschiedlich angesprochen werden.
- Es ist wichtig, die Teilnehmer ernst zu nehmen und auf ihr Verstehensniveau einzugehen.
- Persönliche Zuwendung ist wichtig: Die Vorbereitung sollte so sein, daß die Leitung dem Menschen frei (also nicht nur mit Konzept) begegnen kann.
- Die Leitung gibt ungeteilte Aufmerksamkeit.
- Die Leitung muß sich bewußt sein, daß das eigene Verhalten oder auch Verhaltensänderung Schmerzen und Unverständnis hervorrufen können (so wenn z.B. die Leitung sich von der Gruppe dem einzelnen oder auch umgekehrt zuwendet).
- Die Leitung sollte den Teilnehmern Freiheit geben können, inwieweit sie auf die Angebote eingehen wollen, ohne daß die Leitung selbst unverbindlich ist.
- Es kommt nicht darauf an, die Erwartungen der Teilnehmer zu erfüllen; manchmal ist gerade das Überraschende im wahrsten Sinne des Wortes „anstößig".
- In den Fragen der Teilnehmer ist es wichtig, die Persönlichkeit des Fragenden in die Antwort mit einzubeziehen, also u. U. die Fragen zurückzugeben, verbunden mit einer persönlichen Herausforderung.
- Der einzelne Mensch ist wichtig. Um so wichtiger ist es dann, daß

die Leitung die Situationen und Hintergründe der Teilnehmer miteinbezieht bzw. um sie weiß. Was ist die Zielgruppe?

- Die Leitung muß deutlich machen, daß vom einzelnen viel erwartet wird bzw. daß dem einzelnen viel zugetraut wird. Die jeweiligen Kräfte gilt es zu motivieren.
- Ein Abschluß des Tages/der Tage ist wichtig und notwendig, doch ist Skepsis angesagt, wenn die Leute mit einem Päckchen nach Hause gehen, ohne beunruhigt zu sein.
- Die Leitung muß offen sein für das, was die einzelnen mitbringen, wie sie im Moment sind. Nicht immer muß alles und die gesamte Geschichte angefragt und erklärt werden.
- Sich anschauen lassen, wahrnehmen, schauen – diese Tugenden Jesu sind auch die Tugenden der Leitung.
- Arbeitsmaterial sind vor allem die Schrift und die Offenheit dem einzelnen gegenüber.
- Die Teilnehmer sollten nicht in ihrer Problematik (z.B. Gottesferne) hängengelassen werden.
- Eigene Reflexionen und Zwischenreflexionen sind für die Leitung notwendig.
- Die Leitung muß sich eine Disziplin erarbeiten: Was will ich? Was sind meine Ziele? Wo muß ich lassen können?
- Die Leitung kann dem einzelnen keine Entscheidungen abnehmen.
- Die Leitung muß um ihre eigenen Grenzen und Schwächen wissen und z.B. bei therapeutischen Problemen auf andere Kräfte verweisen können.
- Die Leitung sollte transparent sein in dem, was und warum sie etwas tut.
- Offen ausgeschriebene Kurse ziehen oftmals „Problemfälle“ an. Hier gilt es deutlich zu machen, worum es geht: um den einzelnen, die Gruppe …?
- Achtsamkeit gegenüber dem einzelnen und der Gruppe ist notwendig; Achtsamkeit auch gegenüber sich selbst, den eigenen Fähigkeiten und Grenzen. Wo ist der richtige Ort und der richtige Platz für Interventionen und Übungen?
- Liebevoll und verantwortet sollte die Leitung einem „Problemfall“ sagen, daß seine Probleme und deren Behandlung die Grup-

pe und den Tag sprengen können, den Tag nicht dominieren dürfen.
- Christliche Nächstenliebe ist nicht mit einem Helfersyndrom zu verwechseln.
- Man muß um sich selbst und die eigenen Fallen wissen: Auf gewisse Menschen spricht der einzelne in der Leitung mit Gefühlen, Erinnerungen etc. an.
- Ein Stück Härte und Druck tut manchmal gut. Doch Hauptcharakteristika der Begleitung und Leitung sind Würde, Respekt, Liebe, Erbarmen.
- Nicht jeder spricht auf jede Übung gleich an. Nicht jeder Moment ist für jede Übung geeignet.

Der/die zu Begleitende

Erste Voraussetzung für die zu Begleitenden in den Exerzitien (und hier kann man sicherlich für alle dialogischen geistlichen Vollzüge sprechen, ob geistliche Begleitung, ob Gebet und Meditation, ob geistliches Gespräch, ob Hauskapitel ...) ist das eigene Wollen.

„Ich muß wollen" – das ist die oberste Maxime für den einzelnen. Was muß ich wollen: mich mir selbst stellen und mich Gott stellen, mich von seinem liebenden Anblick leiten lassen und mich ihm aussetzen. Insofern ist Sehnsucht das bestimmende Motiv für Exerzitien, Sehnsucht gepaart mit einer tiefen Freude und Zuversicht, daß Gott es ist, der mein Leben richtet. Franziskus drückt es in der nicht bullierten Regel wunderschön aus: „Nichts anderes wollen wir darum ersehnen, nichts anderes wollen, nicht anderes soll uns gefallen und erfreuen als unser Schöpfer und Erlöser und Retter, der alleinige wahre Gott, der ist die Fülle des Guten, alles Gute." (NbReg 23,9.)

Sehnsuchtsbewegung

Der Prozeß in den Exerzitien ist Ausdruck dieser Sehnsuchtsbewegung nach Gott, er verleiht ihm Gestalt. Wenn der einzelne keine Sehnsucht nach Gott verspürt, wenn es ihm allein um Selbstfindung geht, dann ist er fehl am Platze. Von daher gilt es, gleich zu Beginn eines Kurses oder auch in Vorgesprächen deutlich zu machen, daß der einzelne sich einlassen muß, ganz einlassen muß, sich fragen muß, ob er Sehnsucht nach Gott verspürt, was seine Motivation für diese Tage ist und ob er bereit ist, sich auch einem mühevollen Prozeß zu unterstellen. Somit sei an dieser Stelle noch einmal deutlich gesagt, daß Exerzitien kein Kreisen um sich selbst bedeuten noch eine Pflege privater Innerlichkeit darstellen. Sie sind ganz hingeordnet auf Gott, sie sind Übungen, die Begegnung initiieren wollen. Wenn ich diese nicht will, dann gilt es, Konsequenzen zu ziehen.

Wahrhaftigkeit

Daher sind Wahrhaftigkeit, Ehrlichkeit und Transparenz notwendig, und das nicht unbedingt der Exerzitienbegleitung gegenüber, denn es kann ja durchaus der Fall eintreten, daß diese mir, warum auch immer, nicht liegt, sondern vielmehr und in erster Linie sich selbst gegenüber: nicht den üblichen Täuschungsmanövern in die Falle gehen, sondern ehrlich hinschauen und aushalten, was sich in mir und um mich herum und mit Gott tut.

Mühe und Anstrengung

Das kostet unter Umständen viel Mühe, aber Exerzitien sind nicht mit Urlaub gleichzusetzen. Sie kosten Mühe, manchmal Tränen und durchwachte Nächte. Wenn ich mich wirklich mich selbst und Gott stellen will, dann kann das sehr schmerzvoll sein, denn wer stellt schon gerne im Rückblick auf Etappen seines eigenen Lebens fest, daß er den eigenen Erwartungen sehr weit hinterhergehinkt ist, daß er immer wieder Gott auf seinem Lebensweg enttäuscht hat, Verrat an sich selbst und an anderen betrieben hat. Schuld und Sünde im eigenen Leben sehen, sie ansehen und vor allem von Gott ansehen lassen, geschweige denn, sie einer Exerzitienbegleitung darlegen, das kann sehr schmerzvoll, demütigend, erschreckend, dann aber auch heilsam und aufbrechend wirken. Dieser Prozeß, und es ist immer ein Prozeß, geht nicht von heute auf morgen, er bedarf der Geduld und der Ausdauer, doch so unendlich Gott mit uns Geduld hat, so sehr darf es der einzelne auch mit sich selbst haben, denn „wenn unser Herz uns auch verurteilt, Gott ist größer als unser Herz" (vgl. 1 Joh 3,20).

Disziplin und Eigenverantwortung

Exerzitientage sind Unterbrechungen im Alltag und im Lebensablauf des einzelnen. Für mehrere Tage (am besten nicht unter einer Woche) nimmt sich die/der einzelne Zeit, um ihr/sein Leben vor Gott auszubreiten, um sich einer bestimmten Frage in seinem geistlichen Leben zu stellen oder auch einfach bei Gott auszuruhen (auch das ist anstrengend) oder eine bevorstehende Entscheidung geistlich zu bedenken und intensiv mit Begleitung vor Gott zur Sprache zu bringen.

Gut ist es in solchen Tagen, wenn die/der einzelne in der Lage ist, sich eigenständig und eigenverantwortlich durch den Tag zu bewegen, wenn sie/er sich an Absprachen, die zuvor mit der Begleitung festgelegt wurden, halten bzw. eventuelle Schwierigkeiten, die sich einstellen, transparent machen kann. Disziplin ist sicherlich ein gutes Hilfsmittel für solche intensiven geistlichen Tage.

Zu den Absprachen zu Beginn oder vor den Exerzitien gehören vor allem die Benennung von Zielen, die die/der einzelne sich setzt: Was will ich in diesen Tagen? Was ist mir wichtig? Was bin ich bereit, dafür zu tun? Will ich, daß Gott in meinem Leben eine Rolle spielt?

Was dann die Formen angeht, dafür ist vor allem die Exerzitienbegleitung eine Hilfe, wenn nicht die/der einzelne auch konkrete Formen hat, die sie/er einüben oder fortsetzen will oder die ihr/ihm auf ihrem/seinem geistlichen Weg lieb und wichtig geworden sind.

Eine prinzipielle Offenheit ist aber auch in diesem Punkt vonnöten, denn oftmals geben gerade neue Formen im geistlichen Leben neue Impulse und Möglichkeiten der Begegnung und Intensivierung geistlichen Lebens. Gerade diejenigen Formen, die mir vielleicht auf den ersten Blick oder beim ersten Hinhören Unwohlsein bereiten, können die Formen sein, die mir weiterhelfen. Was Franziskus z. B. zuvor allein in Gedanken absolut ekelig war, wurde ihm mit einem Male, indem er sich überwand, in „Süßigkeit des Lebens" verwandelt. Kann nicht auch das in kleinen Formen im Prozeß der Exerzitien geschehen, wenn ich als zu Begleitender oder zu

Begleitende offen bin, was nicht bedeutet, sich „geistlich vergewaltigen“ zu lassen. Fingerspitzengefühl und ehrliches Hinschauen sind auf beiden Seiten der Begleitung wichtig, vor allem auch hinsichtlich der Formen. Ein zu starres Festgelegtsein ist einem Prozeß sicherlich nicht förderlich. Auch hier ist Absprache wichtig.

Insofern ist die Exerzitienbegleitung für die einzelnen so etwas wie eine korrektive Instanz oder ein Ort und eine Person, der ich mitteile, was ich will, wie es um mich steht, was ich tue, wo ich Fragen habe und Hilfe brauche – nicht mehr und nicht weniger. Die Begleitung ist für die einzelnen dabei jedoch nicht die Instanz, die einfach alles absegnet. Wenn ich als zu Begleitender lediglich komme, um mir das zu holen, was ich brauche, dabei genau weiß, was ich brauche und mich bereits entschieden habe, dann fehlt eine notwendige Offenheit und Distanz zu sich selbst, und es ist in einem solchen Fall sicherlich besser, die Exerzitien abzubrechen oder sie in ruhige Tage „umzufunktionieren“. In dem Fall hätte die Begleitung lediglich eine Alibifunktion, was dieser Rolle und dem gesamten Prozeß sicherlich nicht entspricht.

Voraussetzungen

Ein letzter Punkt, der aber nicht unwichtig ist und sich aus dem bisher Gesagten konsequenterweise ergibt: Der/Die zu Begleitende in Exerzitien sollte eine gewisse Ausgeglichenheit (psychische und physische Gesundheit) haben, vor allem dann, wenn es um Gruppenexerzitien geht, die eine Person nicht bestimmen sollte. Stellen sich gravierende psychische Schwierigkeiten ein, dann ist es sowohl für die einzelnen, als auch für die Gruppe sowie für die Begleitung besser, daß der/die Betreffende die Exerzitien beendet bzw. erst gar nicht beginnt. Gerade in Gruppenexerzitien ist die Balance zwischen dem, was die einzelnen, und dem, was die Gruppe benötigt, zu wahren und zu respektieren, und das auch von Seiten der einzelnen. Hier gilt es, klar im Vorfeld zu entscheiden und hinzuschauen.

Eine Kultur der Begleitung

Begleitung und Leitung, ob von Gesprächen, in einzelnen Begegnungen, ob von Exerzitien oder in Konventen erfordern von der Begleitung aus franziskanischer Sicht ähnliche bzw. gleiche Grundhaltungen. Dies haben wir aufzuzeigen versucht. Die Formen und die konkrete Ausgestaltung sind je eigen.

Ist das Grundmotiv franziskanischen Lebens das Gehen in den Fußspuren Jesu, so hat sich Begleitung danach zu richten und immer wieder danach auszurichten. Es geht um Nachfolge, nicht mehr und nicht weniger. So wird sowohl die Beziehung zur Begleitung relativiert als auch die eigene Ausprägung und Form. Jesusnachfolge – das ist das Kernmotiv der Begleitung in franziskanischer Perspektive. Somit sind Exerzitien u. a. eine Form, wieder Licht auf die Beziehung zu Christus zu werfen bzw. sich neu auf ihn hin auszurichten.

Mit vier Stichworten für das Begleitungsgeschehen von Franziskus und Klara sollen die vorangegangenen Aspekte noch einmal zusammengefaßt und als Ausblick an den Schluß unserer Ausführungen zur Begleitung gesetzt werden. Begleitungs- und Leitungsgeschehen gehören stets von neuem kultiviert. Es gibt so etwas wie eine Kultur der Begleitung; diese will gepflegt und immer wieder neu „beackert“ werden – durch Bebauen, Bewohnen, Pflegen und Ehren.

Bebauen heißt nichts anderes, als zunächst einmal den Boden zu bereiten: lockern, was verkrustet ist; säen, bewässern und fruchtbar machen.

Bewohnen bedeutet: Heimat und Geborgenheit finden, zu Hause sein dürfen, sich wohlfühlen, Atmosphäre schaffen, Sicherheit erfahren, etwas beseelen.

Pflegen beinhaltet Entschiedenheit, Regelmäßigkeit und Rhythmus, Beobachtung und Wahrnehmung, Treue, rechtes Maß, Fürsorge, Ritual.

Ehren heißt nicht anderes als den Lobpreis an Gott, den Schöpfer, zu richten und für die Berufung zu danken. Das beinhaltet

Korrektur und Lob, Ermutigung und Wahrhaftigkeit, Sinn finden und geben.

Schlußwort

„Dein Wille geschehe, wie im Himmel so auf Erden: damit wir dich lieben aus ganzem Herzen (vgl. Lk 10,27), indem wir immer an dich denken; aus ganzer Seele, indem wir immer nach dir verlangen; aus ganzem Gemüte, indem wir all unser Streben zu dir hinlenken und deine Ehre in allem suchen; und aus allen unseren Kräften, indem wir alle unsere Kräfte und Empfindungen der Seele und des Leibes zum Gehorsam gegen deine Liebe und für nichts anderes aufbieten. Und damit wir unsere Nächsten wie uns selbst lieben, indem wir alle nach Kräften zu deiner Liebe hinziehen, uns über das Gute der anderen wie über das unsrige freuen und in Widerwärtigkeiten Mitleid mit ihnen haben und niemanden irgendwie beleidigen (vgl. 2 Kor 6,3)." (ErklVat)

Begleitungsgeschehen ist primär nicht eigene Anstrengung, sondern ein „Sich einlassen" auf den Weg Gottes mit uns. Sich der Gnade Gottes öffnen, ihn bitten, daß er hilft, was zum Leben, zum Leben in Fülle und zum geglückten Leben führt, hörend sein, wahrhaftig sich den eigenen Gründen und Abgründen stellen – das sind Grundhaltungen der Begleitung, ob in der Verantwortung der Leitung oder als zu Begleitende. Dabei, und das zeigen Franziskus und Klara, gibt Gott uns immer wieder die Gnade, von neuem anzufangen. Allein durch seine Gnade gelingt menschliches Leben, gelingen Begleitung und Leitung, sofern sich der Mensch darauf einläßt.

Franziskus spricht davon, das zu tun, von dem wir wissen, daß Gott es will, um so auch die Gnade des Heiligen Geistes empfangen und entfalten zu können (vgl. Brief an den gesamten Orden). Im Prinzip geht es um nichts anderes als um die Haltung des Gehorsams – und das in allem, mit allen Sinnen und Kräften, aus ganzem Herzen, aus ganzer Seele und aus ganzem Gemüte.

Begleitung und Leitung von Exerzitien, von Gruppen, einzelnen oder Konventen ist ein anspruchsvolles Tun, das immer wieder neu eingeübt und auch reflektiert sein will. In der Einleitung sprachen wir davon, daß dieses Buch eine Hilfe zur Selbstreflexion sein will. Für eine solche Selbstreflexion ist eines unerläßlich: Die Sinnspitze geistlichen Tuns, auch der Begleitung, ist die Nachfolge Jesu in der Liebe zu ihm und den Menschen. Es geht um Liebe, nicht um Leistung. Von daher soll eine Selbstreflexion nicht unter Druck setzen, sondern eine Hilfe sein, sich neu auf diese Liebe hin auszurichten, die Gott ist. Die Liebe und das Wissen um die Liebe Gottes, die gerade auch die Schwächen, Unvollkommenheiten und Brüchigkeiten menschlichen Lebens miteinschließt, sind die Motoren eines Lebens in Gehorsam.

Begleitung und Leitung sind Aufgaben und Anforderungen, die im Dienst am Leben stehen. Sie sind anspruchsvoll und zugleich bereichernd. Durch den liebenden Gehorsam Gott, dem anderen und sich selbst gegenüber geschieht das Geschenk der Begegnung, entsteht Leben in Fülle.

Abkürzungsverzeichnis

Franziskanische Quellenschriften

AnonPer	Anonymus Perusinus, in: Die Dreigefährtenlegende.
Bonaventura	Franziskus. Engel des sechsten Siegels.
	BrAg Briefe der heiligen Klara an Agnes von Prag, in: Leben und Schriften.
1 BrGl	Erster Brief an die Gläubigen, in: Die Schriften.
2 BrGl	Zweiter Brief an die Gläubigen, in: Die Schriften.
BrMin	Brief an einen Minister, in: Die Schriften.
BrOrd	Brief an den gesamten Orden, in: Die Schriften.
BReg	Bullierte Regel, in: Die Schriften.
1 Cel	Erste Lebensbeschreibung des Franziskus nach Thomas von Celano, in: Celano.
2 Cel	Zweite Lebensbeschreibung des Franziskus nach Thomas von Celano, in: Celano.
DreiGefLeg	Dreigefährtenlegende.
ErklVat	Erklärung zum Vaterunser, in: Die Schriften.
Erm	Ermahnungen, in: Die Schriften.
Fior	Blümelein des heiligen Franziskus (Fioretti).
GebKr	Gebet vor dem Kreuzbild von San Damiano, in: Die Schriften.
KlTest	Das Testament der heiligen Klara, in: Leben und Schriften.
LebKl	Leben der heiligen Klara nach Thomas von Celano, in: Leben und Schriften.
Leo	Brief an Bruder Leo, in: Die Schriften.
NbReg	Nicht bullierte Regel, in: Die Schriften.
Off	Offizium vom Leiden des Herrn, in: Die Schriften.
PreisHor	Preisgebet zu allen Horen, in: Die Schriften.
RegEins	Regel für Einsiedeleien, in: Die Schriften.
SacrCom	Der Bund des heiligen Franziskus mit der Herrin Armut.
Sonn	Der Sonnengesang, in: Die Schriften.
Sp	Speculum perfectionis.
Test	Das Testament, in: Die Schriften.

Sonstige

DA	Deutsche Ausgabe der Werke des heiligen Franz von Sales, nach der vollständigen Ausgabe der Œuvres de Saint François de Sales der Heimsuchung Mariä zu Annecy, hrsg. v. Oblaten des heiligen Franz von Sales, Eichstätt, Wien 1959–1983.

Literatur

Primärliteratur

Die Blümlein des heiligen Franziskus von Assisi. Frankfurt 1973.

Der Bund des heiligen Franziskus mit der Herrin Armut. Einführung, Übersetzung und Anmerkungen von K. Eßer und E. Grau, Werl 1966.

Bonaventura, Franziskus. Engel des sechsten Siegels, Werl 1962.

Celano, T. v., Leben und Wunder des heiligen Franziskus von Assisi. Einführung, Übersetzung und Anmerkungen von E. Grau, Werl 1955.

Die *Dreigefährtenlegende* des heiligen Franziskus von Assisi von Bruder Leo, Rufin und Angelus. Einführung, Übersetzung und Anmerkungen von E. Grau, Werl 1993.

Leben und Schriften der heiligen Klara von Assisi, Werl [6]1988.

Die *Schriften* des heiligen Franziskus von Assisi, Werl [7]1982.

(Speculum perfectionis) – Der Bericht über das Leben des heiligen Franz von Assisi oder Der Spiegel der Vollkommenheit, München 1981.

Sekundärliteratur

Bonaventura, Itinerarium mentis in Deum (lat.-dt.), München 1961.

Bonaventura, Soliloquium. De quattuor mentalibus exercitiis. Alleingespräch. Über die vier geistlichen Übungen. Lateinisch/Deutsch, Hrsg. u. übers. v. J. Hosse, München 1958.

Casutt, L., Der franziskanische Aufstieg zu Gott. Die Eigenart unserer Aszese und Mystik, Luzern 1944.

Dukker, Chrysostomus, Umkehr des Herzens. Der Bußgedanke des heiligen Franziskus von Assisi, Werl 1956.

Durchholz, E., Knoepffler, N., Franziskus, Ignatius und die Nachfolge Christi. Eine theologische und psychologische Deutung, Innsbruck 1995.

Esser, K., Grau, E., Antwort der Liebe. Der Weg des franziskanischen Menschen zu Gott, Werl 1958.

Faccin, D., Spiritual exercises according to Saint Bonaventure, St. Bonaventure, New York 1955.

Franciscan solitude, Hrsg. v. A. Cirino, J. Raischl, St. Bonaventure New York 1995.

Grau, E., Die ersten Brüder des heilige Franziskus, in: Franziskanische Studien 40 (1958) 132–144.

Hegemann, P., Die Exerzitienbücher der westdeutschen Kapuziner des 17. und

18. Jahrhunderts und ihr Verhältnis zur ignatianischen und franziskanischen Spiritualität, Mainz 1957.
Hug, P., How St. Francis guided his brethren, in: Proceedings of the Franciscan Educational Conference 29 (1948) 43–81.
Jungclaussen, E., Die Fülle erfahren. Tage der Stille mit Franz von Assisi, Freiburg, Basel, Wien 1978.
Kreidler-Kos, M., Klara von Assisi. Schattenfrau und Lichtgestalt, Tübingen Basel 2000. (Tübinger Studien zur Theologie und Philosophie, Bd. 17.).
Kunz, C. E., Schweigen und Geist. Biblische und patristische Studien zu einer Spiritualität des Schweigens, Freiburg, Basel, Wien 1996.
Lang, J., Ins Freie geführt. Aspekte der franziskanischen Spiritualität, Werl 1986.
Lehmann, L., Tiefe und Weite. Der universale Grundzug in den Gebeten des Franziskus von Assisi, Werl 1984.
Matura, T., Die Lebensordnung nach dem Evangelium. Franziskus von Assisi damals und heute, Werl 1981.
Meyer, W., Exerzitien nach dem heiligen Bonaventura, Werl 1926.
Pohlmann, C., Franziskus - ein Weg. Die franziskanische Alternative, Mainz 1980.
Raischl, J., Auf Gott zugehen: Exerzitien im Geist des Franz von Assisi. Ein Arbeitsbuch, München 1999.
Rohr, E., Franziskus und Ignatius. Eine vergleichende Studie, München 1926.
Rotzetter, A., Franz von Assisi. Realisator und Künder des Evangeliums in unserer Zeit, in: Geist und Leben 51 (1978) 338–347.
Rotzetter, A., Zur Methodik der Exerzitien, in: Seminar Spiritualität 4, Hrsg. v. A. Rotzetter, Zürich, Einsiedeln, Köln 1982, 233–249.
Satzungen der Minderen Brüder Kapuziner, Luzern 1992.
Schneider, H., Das Wort Gottes in der Kontemplation im Hören auf Klara von Assisi, in: Ordenskorrespondenz 35 (1994) 135–139.
Senftle, A., Menschenbildung in franziskanischer Geistigkeit. Die Bedeutung der franziskanischen Poenitentialehre, Freiburg 1959.
Singen, beten, feiern mit Klara von Assisi, Hrsg. v. H. Schlegel, Werl 1993.
Strunk, R., Nachfolge Christi. Erinnerungen an eine evangelische Provokation, München ^{2}1988.
Weismayer, J., Leben in Fülle. Zur Geschichte und Theologie christlicher Spiritualität, Innsbruck, Wien 1983.